善良的歧视者

【韩】金知慧 著

崔正熹 译

A KIND
DISCRIMINATOR

人民东方出版传媒
People's Oriental Publishing & Media

东方出版社
The Oriental Press

图书在版编目（CIP）数据

善良的歧视者 / （韩）金知慧 著；崔正熹 译 . — 北京：东方出版社，2022.2
ISBN 978-7-5207-2371-8

Ⅰ.①善… Ⅱ.①金…②崔… Ⅲ.①社会心理学—研究 Ⅳ.① C912.6-0

中国版本图书馆 CIP 数据核字（2021）第 184049 号

本书中文简体版权经由锐拓传媒取得（copyright@rightol.com）
中文简体字版专有权属东方出版社
著作权合同登记号 图字：01-2020-5304号

善良的歧视者
（ SHANLIANG DE QISHIZHE ）

作　　者：［韩］金知慧
译　　者：崔正熹
责任编辑：王　端
出　　版：东方出版社
发　　行：人民东方出版传媒有限公司
地　　址：北京市西城区北三环中路 6 号
邮　　编：100120
印　　刷：北京文昌阁彩色印刷有限责任公司
版　　次：2022 年 2 月第 1 版
印　　次：2022 年 2 月第 1 次印刷
开　　本：880 毫米 × 1230 毫米　1/32
印　　张：6.75
字　　数：122 千字
书　　号：ISBN 978-7-5207-2371-8
定　　价：46.00 元
发行电话：（010）85924663　85924644　85924641

序言　歧视，你看得到吗?

　　"选择困难症"，在韩语中可以表达成"选择障碍"。第一次听到这个词时，我觉得很有意思。因为我就常有遇事犹豫不决、思前想后的问题，我觉得这个词说的就是我。在和别人的交谈中，我也常用这个词来自嘲。但有一次，我却因为这个词惹了麻烦。

　　有一天，我去参加一个关于"仇恨言论"（hate speech）的讨论会。由于人气太高，所以在召开前紧急换到了一个更大的场地内。在讨论会上，我在众参与者面前说了"选择障碍"这个词。因为当时现场也确实谈到了在两难境地下需要作决定的情况。讨论会结束后，我们乘坐大巴去用餐地点，途中一位与会者悄悄问我：

　　"您为什么会用'选择障碍'这个词呢?"

　　这短短的一句，并不是简单的提问，而是直接指出了我的矛盾，作为一个反对仇恨言论的人，嘴里却说着"选择障碍"之类的词句。当时与会者中还有很多残疾人①，我怎么就没有

---

① "残疾人"在韩语中被表达为"障碍人"。——无特殊说明，文中脚注均为译者注，尾注均为作者原注。

意识呢，还说"选择障碍"之类的话。

我当即承认了自己的错误，羞愧万分。但当时讨论会已经结束，我也再没有机会向与会各位致歉。这可如何是好呢？但与此同时，我的心里也浮现出了一个疑问："这句话怎么了？问题出在哪里了呢？"于是，我的防御机制启动，开始极力否认问题的存在。

"选择障碍"这个表达究竟问题何在呢？为了搞清楚这个疑问，我电话询问了残疾人人权运动方面的活动家。他认为"残""障"之类字眼暗含贬损之意，在日常生活中已经成为语言习惯。一个词加了这样的后缀，就会立刻满含"残缺""低等"之意。在这样的语境之下，残障人士就自然被看成了"残缺""低等"的存在。

通话结束后，我沉思着，开始检视自己。结果让我为之一惊。难道我对残疾人心怀歧视吗？我不相信！不！是不想相信。我上大学后参加的第一个社团是手语社。我的专业是社会福利和法学，我研究人权问题，学的课程也是残疾人权利及法律的相关内容。除此之外，我的家人中也有残疾人，自认为对残障人士的状况是颇有了解的，我怎么会有歧视的想法呢？

同时，我对很多事情也开始有了更为深入的了解。我也曾有过被歧视的经历，但当时周围的人并没有意识到。当年我办公室门口的姓名牌就是一个很好的例子。

当时我没有编制①，办公室门口贴着我的姓名牌，是用蓝紫色的纸印制的。而在编员工的办公室姓名牌是原木色底白色文字。大约两年以后，我和一名当时在编的同事聊起这个事情，他居然压根就没意识到我们之间姓名牌的颜色是不一样的。在他眼里微不足道的差别，在我眼里却像是红笔大字，无论我上班、下班，无论我开门、关门，时刻都在提醒着我的身份。

歧视也是如此。我们总能看到被歧视者，却鲜有人能认识到自己是歧视者。歧视的世界里都是关于受害者的故事。我们很难看到因为歧视而占到便宜的人会主动站出来谈歧视。歧视分明就是因为双方的不对等造成的，是非正义的，但说得就像是受害一方自己的事儿一样。何以如此？细细想来，我确实被别人歧视过，但我也歧视过别人，不是吗？

我心头一颤。歧视，已经不再是一个与我无关的话题了。教室里、会议中、讨论会场里，无论何地，我自己都不知道内心暗藏的歧视何时会以何种方式转变成言语行动。

所以我决定做一番研究。首先我收集了针对少数群体的侮辱性的言语表达。这是一项基础工作，以便通过各种"仇恨言论"来研究分析人们对少数群体怀有什么样的歧视观念。起初我关注了网络上那些略带侮辱性的表达。但随着研究的推进，

---

① 韩国企业实行"终身雇佣制"，正式员工无特殊情况的话，可以一直在企业工作至退休。而与此相对的是非正式员工，也称合同制员工，他们在工资水平、劳动保障、雇佣持续性等方面的待遇均低于正式员工。此处为方便读者理解，借用了中国的"编制"概念。

我渐渐意识到这些侮辱性语言所涉及的范围比想象的要大得多，表达方式也更为隐晦。隐晦到有时候语者自己都毫无意识。

以现场的活动家和研究者为对象而收集的这些带侮辱性的表达中，有两个尤为显眼。

"你都成韩国人了。"

"不要放弃希望。"

这是两个很有代表性的例子。前者的表达对象是移民者，后者的表达对象是残疾人。这很令人困惑，因为乍一看来，一句是称赞，另一句是鼓励。而说这话的人本意也是称赞或鼓励。但如果告诉语者，听者可能会觉得这表达有侮辱色彩，那么语者会作何反应呢？如果他辩解说"绝无此意"，就不再是什么问题了吗？难道是没有施辱之人却只有受辱之人吗？难道是受辱者只能忍受，或者转变心态吗？

单纯地不去用这些语言，并不能解决问题。为什么这些话会含有歧视色彩呢？如果不去认真理解这个问题，即便是换成了别的词句也是换汤不换药，即便是不用语言表达，眼神、行动也是会流露出来的。幸运的是，了解这一问题的方法并不困难。直接问当事人就好了，问问他们听到后的感受。

外来移民者为什么会觉得"你都成韩国人了"这句话带有侮辱色彩呢？是因为这句话的前提是，一个移民者无论在韩国生活多久都不会被当作韩国人来看待。当然也有其他的理由，有的移民者并不想变成韩国人，难道也要把这句话当成一句称赞来听吗？无论是认为他不是韩国人，还是认为他应该想成为韩国人，都让人很不愉快。

对残疾人说"不要放弃希望"，之所以让人觉得有侮辱色彩，也是因为讲话的前提。让他不要放弃希望的前提是现在的生活看不到希望。更为本质的原因是语者以自己的生活为标准来评价别人的生活，所以带有歧视色彩。就算是由于社会的某些条件让残疾人不得不面对一些困难，那么让残疾人不放弃希望，这句话听起来也不像话。因为问题不在于残疾人，不是残疾人应该心怀希望，而问题在于社会，是社会需要变化。

在逐一检视了自己的言语和思想后，我像是重新认识了一遍这个世界。"我从不歧视别人"只不过是错觉和想象。对无意识的世界进行梳理以后，才算是有希望做到尊重他人、平等待人一些。这让我重新认识了自己，那个不愿承认的、羞愧的自己。

在我看来，这世上有很多人都有着类似的错误认知。有的人对女性、残障人士、性少数者、外来移民等，就算是有过贬损或侮辱的言语或行为，他们自己也不承认这是歧视。"因为爱，所以反对"，有的人对性少数者呐喊着，挥舞着拳头。他们坚信这是对性少数者的爱。如果你对他们说这是对同为公民的性少数者存在本身的否定，是对其人格的侮辱与暴力，他们是无论如何都听不进去的。

如此两条从不相交的平行线，要如何是好呢？为解决此类问题，很多社会力量在呼吁《反歧视法》的制定，但韩国政府和国会只是呼唤了一下"社会共识"就草草了事。鸿沟不会因时间的流逝而自动弥合。通过让少数派禁言的方式也不能结束这样的窘境。这是与正义背道而驰的，当事之人也绝不会就此罢休。但如若没有人倾听少数者的声音，双方的僵局就仍将继续。那我们能达成的算是哪门子"共识"？

本书就是从这样的个人困扰及社会议题开始的。可喜的是，大部分人并不想歧视任何人，只是很多时候没能看到歧视的存在而已。所以我们才认为自己是善良人，自己不歧视他人。像我们这样"善良的歧视者"随处可见。包括我在内的很多人都没能意识到自己的歧视行为。我也对这一系列微妙的现象进行了观察。幸运的是，很多研究人员及学者已经对这一问题进行了大量的研究和讨论。于是，站在前人的肩膀上，反观最近韩国发生的社会事件，开始深入思考。

本书第一部分，思考了"善良的歧视者"是如何产生的。第一章讨论了我们习以为常的特权，以及由于自身所处位置而造成的错视现象。第二章分析了可变的、相互交织的界线将人们划分成不同群体，并对这些群体之间的歧视与被歧视现象进行了观察。讽刺的是，社会构成本身就具有歧视性，在这样的社会之中，连遭歧视的一方都会选择符合社会秩序的思维方式和行为准则，如此一来又强化维持了社会的不平等。第三章就着重讨论这些具有讽刺意味的现象。

第二部分讨论了歧视是如何被抹除，如何披上了"正当性"外衣的。首先，第四章从有关黑人装扮的争论开始，讨论了损人型幽默和玩笑的效果。第五章解析了所谓的"精英思想"，这种思维认为针对非正式员工的歧视等都是公平的。第六章观察了对某些人进行排斥、隔离的行为，以及将此行为正常化的现象。比如公共设施拒绝外国人使用或将外国人区别对待等现象。第七章通过研究大众对于"酷儿文化节"及少数群体等的态度，提出"公共空间究竟为谁所有"的问题。

第三部分以前两部分内容为基础，讨论了我们应对歧视的态度问题。第八章提出，反歧视的努力已经被当成了挑战现有社会秩序的威胁。虽然人们希望相信世界是正义的，但平等本身就是通过那些不断反抗不正当法律及不良体制的人而不断取得进步的。第九章从"所有人的洗手间"的讨论开始，通过研究人的共性与差异性，讨论平等的话题。最后，作为实现平等的途径之一，《反歧视法》也经历着社会的争论，第十章就讨论了这些争论的意义。

本书的主要内容涉及女性、残障人士、性少数者、外国移民等话题。但正如本书所言，年龄、学历、职业、出生地、经济条件、家庭情况、健康状况等，可以把一个人划归进少数群体的因素数不胜数。由于本书篇幅限制，当然也由于本人的思想高度有限，此类内容未能进行更有深度的讨论。时至今日，仍旧有很多的歧视我未能看到，诚然，书中也定会有一些内容会令我日后面红羞愧。

本书内容涉及大量美国历史及相关研究。本人作为研究者，可接触到的资料有限。为了实现平等，很多国家都有着重要的斗争和演变过程，但很遗憾，本书未能充分涉及。对于本书中介绍的美国故事，与其说是范例，不如说是为了更好地理解韩国国内情况而提出的对比材料。

在这本关于歧视的书完成之时，我仍旧不能说自己对歧视问题看得很透。但显而易见的是，我认识世界、反省自己、追求平等的过程十分重要，至少比那些自称"我从不歧视别人"的虚妄信心来得有价值得多。三年前讨论会的那个问题开启了我漫长的旅程。我对那位提出问题的老师表示感谢，也希望通过本书能把同样的问题留给读者朋友们。

目　录

第一部分　善良歧视者的诞生

第一章　横看成岭侧成峰　　　　　　003

　　所谓"对多数派的歧视"　　　　003

　　没有歧视吗？　　　　　　　　005

　　看似平常的特权　　　　　　　009

　　倾斜的公正　　　　　　　　　016

第二章　我们的位置不是一成不变的　020

　　理解复杂世界的简单方式　　　020

　　流动的界线　　　　　　　　　026

　　交叉路上　　　　　　　　　　030

第三章　鸟儿看不到鸟笼　　　　　　　036

　　疮疤与污点　　　　　　　　　　036

　　想法成为现实　　　　　　　　　　038

　　"选择"歧视的人们　　　　　　　042

　　鸟，是看不到鸟笼的　　　　　　　049

第二部分　歧视是如何被抹掉的

第四章　为何因一句玩笑话而拼命　　　055

　　"拿人种问题开玩笑，有意思吗？"　055

　　你为什么会笑　　　　　　　　　　057

　　称呼的权利　　　　　　　　　　　062

　　没有反应的反应　　　　　　　　　066

第五章　相信有些歧视是公正的　　　　070

　　食用油套装、女士、挂绳　　　　　070

　　认为歧视是公正的想法　　　　　　072

　　倾斜的精英主义　　　　　　　　　075

　　能力既不是唯一也不是全部　　　　081

第六章　被驱赶的人们　　　　　　　　084

　　双城记　　　　　　　　　　　　　084

我们在拒绝谁？ 086

排除与隔离的机制 089

以宗教之名 093

没有多元主义的多元文化 095

第七章　眼不见就行 098

酷儿的位置 098

进入公共空间的资格 100

厌恶的权利 104

领土的伦理 108

第三部分　应对歧视的姿态

第八章　历经百般恐惧方得真正平等 115

所谓秩序 115

法律也许并不合理 117

这个世界还不够正义 122

第九章　所有人的平等 126

所有人的卫生间 126

包含多样性的普遍性 129

承认差异 133

成为平等社会的公民 137

第十章 关于"反歧视法" 142

所谓"反歧视法" 142

一个都不能少 146

促进平等的积极措施 150

结语 我们的世界 155

致谢 159

注释 163

参考文献 187

第一部分

善良歧视者的诞生

第一章　横看成岭侧成峰

所谓"对多数派的歧视"

2013 年 7 月，一位自称是社会弱势群体的男性跳汉江而死。生前他曾对女性进行过猛烈的批判，他说女性"一分钱不挣，光吃白饭"。[1]认为女性家庭部、女性配额制、女性专用设施等一系列针对女性的制度都是不合理的，是对男性的歧视。[2]

他对自己的定位是男性人权运动活动家，是主张男女绝对 AA 制的两性平等主义者。多年来他一直主张裁撤女性家庭部①，其理由是为了达到男性不被排挤的两性平等。他被人冠以"仇视妇女者"的恶名，于是心怀愤懑，用这种方式进行抗辩。

"你觉得如果我真的厌恶女性，我可以这么细节地进行批

---

① 韩国国家行政机关之一。

判吗？当然不啊。我是真心尊敬女性，爱女性的。"[3]

他真的在追求男性和女性的平等吗？

2016 年 5 月，在江南地铁站附近的商业街洗手间内，一男性自称"遭到了女性的蔑视"，便挥刀将该女性刺死。自此，男女两性之间的对立就表现得越来越鲜明了。对于性犯罪等针对女性的伤害，女性的声讨声愈加高涨；与此同时，很多男性又认为自己已经被认定为潜在罪犯，更是满心委屈。一方在要求消除针对女性的歧视与暴力，另一方又在不断主张女性政策是对男性的逆向歧视。

看起来是完全相反的立场，但讽刺的是两边都在声称自己是被歧视的一方。双方都在高举平等的大旗批判现实，但在一个问题上他们的认识是一致的：目前在韩国的社会中，歧视是存在的。分歧只是在于判断"谁才是劣势一方"。传统来看，歧视的受害者往往是女性，女性平权也是一个国家重要的课题，在这个问题上几乎不会有人提出反对意见。如今的局面和当年已不尽相同。现在反倒是男性在说自己遭受歧视。女性受歧视的时代真的结束了吗？

这种关于歧视的争论在其他场景中也出现过。想想那些外来移民吧。20 世纪 90 年代韩国出现了一批外籍劳工，2000 年前后结婚移民者开始急剧增加。移民者来自不同的国家，讲着不同的语言，于是尊重多样性的多文化主义开始成为社会讨论的议题。2012 年，新国家党将出生于菲律宾因结婚而移民韩国的李茉莉（Jasmine Lee）选为比例代表，积极顺应了潮流。但几乎与此同时，也出现了"反多文化"现象。一些人认为外来的劳工抢走了本属于韩国人的工作机会，认为结婚移民者是为了钱才结婚的，因此他们相信，韩国人是受害者。他们对帮扶移民的政策表示抗议，认为这是对本国人的逆向歧视，是不正当的。

随着性少数群体在韩国社会的逐渐公开，他们也面临着同样的问题。"儿媳妇是男的？这像话吗？"起初基于传统的家庭观念，出现了这样的批判声音。2007 年，尝试修订《反歧视法》之际，以保守派基督教团体为中心的性少数者抵制运动声浪渐高。他们认为如果保障性少数者的权利，前辈用血汗建立起来的国家将走向灭亡，基督教也会受伤害。称"同性恋独裁正在蔓延"，自己正在被迫害。性少数者是少数派，保护他们的人权就是对非性少数者，即多数派的逆向歧视。

没有歧视吗？

"多数派歧视论"，意思是因少数人而让多数人遭到歧视。这可能吗？细细想来，这个观点的前提是"少数者并不受歧视"，即"过去就算有歧视，现在也都解决了"的想法。因而，对少数人的帮扶政策也纯属优惠，也相应地会成为对多数人的歧视。电影《妇女参政论者》（*Suffragette*）讲述的是 19 世纪初女性选举权运动的故事。看过这个电影的一名学生说："当时的女性确实没有权利，如此激烈的斗争也是可以理解的。但现在的女性已经可以投票了啊，也不像以前那么受歧视了啊。"

这种"韩国社会不再有歧视"的想法常会通过有女性担任高级官员这一现实寻找佐证。女性成为总统，国家考试中女性的合格者人数也很多，这些都会被拿出来说。[4]事实上，政府成立70年间，女性总统也仅有一位，还是在其父亲的光环之下得以实现的。到现在为止，5级以上公务员中女性的比例也不到两成，高层公务员中女性的比例也只有区区5.2%，但这一切，他们都看不到。（行政院，2017年基准）[5]

就算客观指标白纸黑字，依旧还是有人会否认歧视。现象虽然不公，但细想每个人的视角，也就不难理解了。女性成为总统或高级官员之类的掌权者，即在素来以男性为主导的职业中出现了一两位女性，这就会特别显眼，所以就会给人一种女性人数也不少的感觉。某些人把这些女性同自己的处境作比较，就会产生相对被剥夺感。"女性平均还处于劣势"这一事实由于太过抽象，很难让人体会得到。然而眼睁睁看到有女人混得比自己还好，那感受却是切身的。

我们通过一个实验就可以看出来一个怪现象：女性虽然是少数，但看起来也不存在什么歧视。美国的一项研究中，针对企业雇佣政策，分别向男性和女性的参与者提出问题：目前公司女性员工的比例为2%，而你在本公司工作，你希望未来女性员工比例是多少？选项共三个，分别是 50%、10% 和 2%。
实验结果显示，女性参与者认为女性占比 50% 是公平的，而
男性参与者则认为 2% 更为公平。反过来看，对于 10% 的占比，
男女双方都觉得公平。[6]

从平等的观点来看，要达到理想的平等，首要条件就是达
到男女比例的同等。但参加实验的男性和女性都认为 10% 的
比例已经不错了，已经算是公平了。"象征主义"（Tokenism）
这个词形容的正是这种情况：历史上被排挤的人群中，有极少
数个体被接纳，就达成了名义上的歧视改善政策。[7]"象征主
义"认为：被歧视人群中的极少数个体被接纳后就可以安抚人
们面对歧视的愤怒。[8] 因为这样一来就可以给人造成某种期待，
会让人以为机会面前真的人人平等，以为只要努力，只要有能
力，谁都可以取得成功。所以这就造成了某种错觉，即便是和
理想的平等状态相距甚远，也会以为平等已经实现。

韩国性别歧视的状况又是如何呢？收入差距是反映性别歧
视的一项重要指标。劳动部发布的数据显示女性平均月收入只
有男性的 64.7%。（2017 年基准）[9] 这一统计客观地反映出了
女性在经济上的不利状况。然而虽然统计上确实是女性的收入
更低，但并不意味着所有的男性比所有女性更有经济优势，且
男性遇到比自己收入更高的女性的概率当然也是有的。

像这样，社会中真实存在的不平等与人们平日里的感受之
间存在着一定的偏差。AA 制的争论就是源于这种偏差。身为

男性也不见得就比女性的经济条件更好，但人们却默认如此。如果因此约会的费用就都由男方承担，他一定也会备感压力。我身边有的女人比男人更会赚钱，我是不是可以认为社会已经没有对女性的歧视了呢？但客观的数据指标显示女性依然处于劣势，那么男性认为性别平等政策并不合理的原因又何在呢？

"我们对移民者和性少数者不存在歧视，即便是有也是合理的歧视。"这就是移民和性少数者逆向歧视主张的存在基础。少数派政策制定的前提是认定多数派在施加歧视行为。这就让多数派很委屈。多数派认为他们分明没有做任何歧视行为，少数派还声称自己遭受歧视，还要求修正法律，这是不合理的、不正当的。就像是女性要求安全时，所有男性都被视为潜在性罪犯一样，自己又变成了歧视者，感觉很不舒服。一定要觉得"我所属的群体从不歧视他人，社会上少数派也不会遭受歧视"才能心安。

在观念上，人们大多支持平等反对歧视。"多数派歧视论"最终也是要以歧视的不正当性为前提的。至少在道义上，人们接受平等原则是正确的，是正义的。对于大部分善良人而言，歧视或以任何方式参与歧视的行为都是道德上所不允许的。否认歧视存在的想法，也许只是一种迫切的希望，希望自己不是那个歧视他人的人。但遗憾的是，有这种想法的人反而更容易是歧视他人的人。

看似平常的特权

有句话说：善意久了就会被当成权利。这是电影《不当交易》（2010）中的台词。这句话在影片中是用来讽刺腐败的检察官的。剧中的检察官朱阳（柳昇范饰）在不得不看警察的眼色行事的情境中说了这句话。"善意久了就会被当成权利。要是总照顾对方的情绪，我们就什么都不用干了。"简而言之，这句话的意思就是自己不会考虑对方，只会按照自己的意志行事。"对你客气，那只是我的善意，而非你的权利。"通过这样的设定，就将无礼行为正当化了。

在日常生活中，这样的表达也常用来形容"提出的要求是不合理的"。我们来看一个例子。有个人每年都在为残疾人机构提供物资支援。起初对方的感谢之情溢于言表，但随着时间一年年过去，那股热情也渐渐弱了。再过几年，机构里的残疾人似已不再有感谢之意，捐赠便停止了。随即捐赠者便接到了来自机构的电话，问为什么不继续提供支援了。此话一出，自然心情不快。竟将他人长期以来的善意当成了自己的权利。于是他决定再也不作任何援助。

从国家角度来看，也是如此。国家为残疾人划拨预算，自无可厚非，但如果残疾人将此看作自己的权利，进而向国家提出划拨预算的要求，那就让人很不爽。为了能够顺畅使用公共交通，残疾人举行示威活动，向国家提出增加预算的要求，过往行人向他们劝说"人活着，要对国家心怀感激"。对于不懂得感恩的人，人们也不愿意多加关爱，示威也就成了问题。就像是那句话："我虽可以对你施以善意，但你无权硬要。"

这句关于善意与权利的"名言"鲜明地展示出了这种不平等的权利关系。有的人手里握着资源，有能力照顾他人，要将其作为善意而为之。如此一来，自己在权利关系中的优势地位不被动摇，同时还可以当好人。这样的善意、慈善事业以及政策，都不仅仅是善举那么简单。这是一种权利行为，对你是否施以善意，取决于我如何看待你，统治权也在自己的手上。如果你将提出要求当成自己的权利，那么你就越界了，而我手里也握着对你进行批评的权利。

人与人之间是存在权利关系的。在社会中，一个人会因其所处的位置而具有某种特权。金钱和政治方面的权力比较容易被识别，所以很多人会狭隘地将特权理解为一小部分财阀和高层人士的权力。然而特权并不是只被一小部分人所享有的。所谓特权（Privilege），就是在某种对自己有利的社会条件下所享有的所有优惠。

随着对不平等和歧视的研究日渐深入，学者们开始发现平凡人手上的特权。这里用"发现"，是有理由的。这些日常生活中的特权是无须努力而得的，因为是业已存在的，很多时候人们并不能意识到它的存在。"特权"二字可以说是"持有者的自由"，这种状态过于自然而舒适，以至于都感觉不到它的存在。

我们来举个例子。大家都乘坐过长途大巴，也坐过飞机，如果不是商务舱之类的，也不会有人认为坐飞机是什么特权。也几乎没有人会意识到自己能坐长途大巴就已经算是享有了某种他人无法享有的权利了，直到看到坐着轮椅的人想乘车。因为长途汽车上并没有能让轮椅乘车的装置，所以就算买了票也上不了车。某些东西是人无我有的，比如乘坐长途大巴的机会，就是一种优先权。

有些事物、制度，对我们而言没有任何不便，但对于有些人而言却是高墙一堵。于是，我们便发现了自己所享有的特权。人们不会认为婚姻是种特权，但了解了同性恋情侣之后你就不会这么想了。你也不会认为生来就有韩国国籍，生活在韩国这个国家是种特权，但看到那些不得不解决身份问题的外国人，你的想法也许会发生变化。然而可惜的是，这种发现的机会并不常有。就算是有，人们也常常意识不到自己手里是有特权的。

美国卫斯理大学的佩吉·麦金托什（Peggy Mcintosh）教授在参加女权研讨会的男性同事们身上发现了这样的现象。他们能来参加女权主题的研讨会就说明他们是关心女性问题的。然而在面对"将女性相关内容纳入教学课程"的提议时，他们却开始拒绝，表示难以接受。看到这些善良的男教授们未能认识到自己所有的特权，佩吉开始反思，她自己是不是也有着自己未能感知到的特权。

麦金托什总结了自己作为白人所享有的日常特权，发布了
"白人特权46例"。[10] 我截取了一部分介绍给读者朋友们。

· 我可以不用为了子女安全而刻意教育他们认识种族歧视
  的问题。
· 我边吃东西边说话也不会有人嘲笑我的肤色。
· 不会有人邀请我代表白人（我所属的肤色人群）站出来
  讲话。
· 我找某单位负责人的时候，几乎出来的人都是和我一个
  肤色的。
· 我不用担心别人会因为我的外貌、行为举止、体味等就
  对我的人种指指点点。
· 选择工作的空间很大，我不用考虑喜欢的领域是否接纳
  自己的人种。
· 即便是我作为领导者不被信赖，那也不是人种的原因。

麦金托什提供了详细的表单，很多白人也因此得以反观自
己的特权。也有很多人开始针对其他方面的特权进行逐项整
理。男性特权、阶层特权、文化特权、国籍特权、异性恋者特
权、非残疾人特权、语言特权等，涉及了诸多项目。比如，男
性特权这一项就包含了这些内容。[11]

· 迟迟不能晋升，其理由也不在于我的性别。

· 我独自走夜路也不用害怕。

· 当我找某单位负责人时，我见到的也将是和我同样性别
　的人。在组织结构上看，级别越高越是如此。

· 我开车疏忽大意，也不会有人怪我的性别。

· 即便和很多人有过性行为，我也不会成为指责和嘲弄的
　对象。

· 即便没有迷人的外表，也不是什么大问题，完全可以
　忽视。

　　这种特权很难被察觉。因为本就身为白人，身为男性，这
就是日常的、自然的、当然的、正常的，不用思考、不用努力，
它就是这样的存在，经验上也是如此。因为自己不会吃亏，所
以自然不用思考那么多，也感受不到愤怒、恐惧、恐慌、焦虑
之类的情绪。那么特权的信号是什么呢？什么时候能说明特权
的存在呢？是你感觉无须太多努力就可获得别人的信赖时，是
你可以自由表达自我而无须担心安全时，是即便发生问题也能
得到解决时。那是一种舒适的状态，周边环境没有不适，也不
会一直意识到周边环境的存在。

　　特权只有在被动摇时，才能切实地被感受到。当我们不再
是主流成员时，曾经的便利感就不存在了，一直以来享有的特
权才会被发现。在韩国，韩国人是主流，可当韩国人到了异国

他乡，那种不安、胆怯、愤怒的经历就会让对这个问题的理解更为容易。但性别这种很难换位体验的情况，就可能会让特权永远不被感知到。

反之，就算人的位置不变，也可能会因为社会的变化而感觉到特权的存在。或许关于 AA 付款制度的争论就是这种社会变化之一。在人人平等的状态之下，没有理由只让其中一方承担所有费用。但长久以来一直存在两性之间的经济不平等，经济负担也同样被不均等地分配。若从一开始就做到男女平等，女性就不必在经济上依赖男性，男性也不会感觉自己在承担过重的经济压力了。

这么看来，现今男性所感受到的这种"不合理"感，可以看作一种信号。它唤醒了过去长期存在却不被感知的特权。有些一度被肯定的习俗习惯，在现存的不平等关系中，其合理性也开始受到质疑。如今男性也感受到了承担费用的压力，也就是在这样的压力之中，男性反而意识到了在传统的经济地位中，自己是处于优势地位的。不平等的关系开始发生动摇，并产生了裂痕，如果没有任何的变化，我们就不会有这样的发现。

对于有的人而言，"特权"这个词仍是一个不太能接受的表达方式。可能有的人会反问，世道艰难，作为韩国人或者作为男性，哪有什么特权可言啊。就像"不平等"一样，"特权"也是一个相对概念，指的是与其他人群相比更为自然、舒适、有利的秩序，而不是绝对容易的生活。

我们用鱼来打个比方：和逆流溯洄而上的鱼相比，那些顺流游弋的鱼要轻松得多。[12] 但我们也不能说那些顺游鱼的生命中只有顺利。无论我们用什么方式生活，辛苦总是相伴的。并且，机会越大压力越大，位置越高责任越重。

但谁的生活更艰难呢？这种争论是很难有答案的。若说"都是一样的辛苦"，也不对。而我们应该知道的是，每个人的辛苦都各不相同。在不平等的结构之中，机会与权利分配不均衡，所以每个人的辛苦也各不相同。问题的核心在于正是这种结构性的不平等制造了不同种的生活。因而，关于"不平等"的对话，如果变成了谁辛苦谁舒坦的争论，就永远无解了。要讨论不平等的问题，我们就得先来讨论一下这个让我们各自辛苦的"不平等"，这才是一个共同的话题。

如果平等了，所有人的生活就都会变轻松吗？不要太执着于答案，也要想想问题本身是否正当。当我们要求权利与机会时，我们期待的结果并不是轻松的生活。在我们看来，如果一个人的生活只是圈养于一地，完全听从他人安排，哪怕不需参与任何劳动，也活得不像个人了。即便是对动物来说，这样的生活也是残忍的。处于不平等地位上的人要求平等的权利和机会，为的是能够和其他人一样去承担风险，去冒险，去开拓属于自己的人生。

倾斜的公正

虽然乍听起来有些怪，但人们其实并不愿意脱离自己熟悉的不平等状态。巴林顿·摩尔（Barrington Moore）在他的《不公：服从与反叛的社会基础》一书中说道："人在痛苦和压抑的状态下很难意识到不公。"[13] 当本来习以为常的状态开始变得对自己不利时，就是人们意识到不公之时。[14] 如果一个人享有相对的特权，生活得安乐舒适，那么面对平等带来的进步，他不仅是不甘心，还会觉得这是一种错误。

美国曾经做过一项社会调查，询问："与过去相比，种族歧视的改善程度如何？"结果是白人普遍表示"大为改善"，而黑人则表示"没怎么改善"。[15] 丹尼尔·卡尼曼（Daniel Kahneman）和阿莫斯·特沃斯基（Amos Tversky）因提出前景理论（Prospect Theory）而获得了 2002 年的诺贝尔经济学奖，该理论说明了损失厌恶倾向（Loss Aversion Bias）的存在，即相较于受益可能性，人们对损失可能性的反应更为敏感。[16] 正如理论所示，对于美国社会种族歧视的改善程度，失去特权的白人会比黑人的体感更为强烈。

对既得特权者而言，社会变得平等，他们就会觉得自己吃亏了。说到底，人们若是认为平等是一种零和游戏，就一定会把对方的利益视为自己的损失。[17] 女性家庭部的《2016 年两性平等现状调查分析研究》[18] 显示，人们普遍认为现在韩国社会中针对女性的不平等现象仍存在，但预计未来将会减少。同时也预计未来社会对男性会更不平等。[19] 在权利总量不变的前提下，若是将平等认定为竞争，那么别人的平等就使自己觉得不平等。但事实上更合理的推论应该是：对方的平等，也是我的平等。

换而言之，多数人是认同平等的大原则并反对歧视的。至少鲜有人会公然反对宪法明确提出的平等规范与反歧视原则。但手上握着特权的人不仅不容易感知到歧视的存在，还会有理由和动机反对平等的实现。同时，因为他们很难承认自身的歧视行为，所以最终他们也会表现出某种矛盾的态度。就像总有那么一些所谓的进步人士，虽然天天喊着民主和人权，却完全意识不到自己作为社会主流所拥有的特权，还总表现出自己的歧视态度。

问题是这一切都发生得如此自然。对世界的不平不加思考，就空去追求所谓的平等，其诉诸的方法也多是不平等的。就如在倾斜的空间里，即便存在两条平行线，也是歪着平行的。我曾在课堂上和同学们讨论过残疾人乘坐长途大巴的话题。谈到了非残疾人早已对乘坐巴士习以为常，却丝毫没有意识到还有很多无法乘车的残疾人。但讨论结束后，在思路整理的笔记中，有个学生这样写道：

"若残疾人乘车，花费时间更久，难道不应该让残疾人多交钱吗？"

怎么会有这样的想法呢？这个学生就是站在不平的世界之上谈公平。因为这个世界的秩序是给非残障人士设计的，以这样的秩序看来，残疾人难以攀爬巴士的台阶，确实是一种缺陷，确实会给他人添麻烦。于是就得出了这样的结论：残疾人多交钱才算公平。但他压根就没意识到，这是基于非残疾人的速度和效率制定的标准，这样的标准本身就不公平。

政客或公职人员的失言也是如此。在那些激起民愤的事例中，他们自己也会辩解，或者说"并没有恶意"，或者说"本是好意"。前任庆尚北道教育监 [①] 李英宇（音译）在教师进修的发言中曾有过"女教师是最好嫁的""年轻女老师是很值钱的"之类的表达。[20] 没有把女教师看作同事同僚，只是当成了待嫁女，甚至是描述成标了价的商品，这是具有侮辱性的表达。很难想象，一个了解民意的，被选拔出来的教育监会说自己有意贬损女教师。依教育厅的解释，当时本意是想捧着女老师说的。问题在于他没能意识到，自己处在这个不公平的世界，惯常的想法对对方而言可能就是侮辱。

很多人在不知不觉间追求的正是歪斜的公正性。网上的评论里和青瓦台国民请愿留言板上都有人在说外国人是恶性犯罪者，强烈要求将他们驱逐出韩国，同时还声称自己并不是歧视者。有的政客一方面声称自己要守护宪法所述的平等和反歧视

---

① 教育部门官员名称。

原则，一方面又在反对保障性少数者同等权利的政策和法案。有些人听起来很荒唐的一些话，另外一些人听起来却是千真万确的。有些人认为这个世界对性少数者很不公平，但另外一些人看来这却很公平。这就解释了为什么前者眼里为实现平等而做出的努力，在后者眼里就成了逆向歧视。

我们的样子会随地位和环境的变化而变化。崔圭硕的网络漫画《锥子》中就曾明确指出过这一点。

"不要拍着胸脯说自己不会这样。"

"这正是横看成岭侧成峰。"

我站在哪里，看着什么样的风景？我所站之处，是歪还是平？若是歪了，我所处之地又歪到了什么程度呢？若要看到风景的全貌，必得向外迈出去。如若不能如此，也要同处于其他位置的人沟通才能知道这世界歪斜到了哪里。韩国社会真的平等吗？我认为尚不能说韩国已经成为理想之国。还不是否认歧视的时候，我们还要继续去发现。

第二章　我们的位置不是一成不变的

理解复杂世界的简单方式

"Homo Categoricus"的含义是人类有范畴化（归类）的倾向。[1]无论是人、动物还是事物，人类都有为其划分范畴进行归类的习惯。回想一下我们小时候玩过的智力游戏。苹果和草莓有什么共同点？（答案是：都是水果。）香瓜是水果还是蔬菜？（这道题的答案始终都是模糊不清。）区分相似和相异，我们就是通过这样的思维过程来划归一个个范畴，然后再基于这个分类去理解世界。高尔顿·奥尔波特（Gordon Allport）在《偏见的本质》（*The Nature of Prejudice*）中说过：人类只有在对事物进行分类之后才能进行思考……有序的生活才成为可能。[2]

我们来想想"人"，地球上的人口有 77 亿人，其中仅韩国就有 5000 万人。只有在范畴概念的帮助之下才能顺利理解这么多人。要如何分类呢？分类的方式不计其数，首先就是性别、年龄、职业、宗教、性取向、出生地等。用马扎林·贝纳基（Mahzarin Banaji）和安东尼·格林沃尔德（Anthony Greenwald）在《盲点》（*Blindspot*）一书中说明的方式，结合这六项标准制做出了表 1 所示的范畴。（由于篇幅限制未能显示所有范畴，只任选几个将其列出。若未能包含读者所属的范畴，望请谅解。）³

表 1　范畴生成机制

性别	年龄	职业	宗教	性取向	出生地
女性	青少年	家庭主妇	佛教	异性恋	韩国
男性	青年	公务员	天主教	同性恋	美国
跨性别男性	中年	农业劳动者	基督教	双性恋	日本
跨性别女性	老年	教授	伊斯兰教	无性恋	也门

注：Mahzarin R. Banaji & Anthony G. Greenwald, Blindspot: Hidden Biases of Good People, 2013, 81 页表格二次编辑。

像这样，用六个维度就可以把人进行分类。比如说，正在阅读此书的你就可能是女性 – 青年 – 公务员 – 天主教徒 – 异性恋者 – 韩国人（如果恰巧如此，你也不必惊讶）。同样，其他的组合也同样是可以的。也可以想象一位跨性别男性 – 中年 – 教授 – 穆斯林 – 双性恋者 – 美国人。用这种方式计算表 1 中各种集合的交集能得出 4096 个子集。增加分类维度或细化其中任何一个分类（比如仅职业一项就可以罗列上百个）都会得到更多的子集（就算进行范畴化，人类依旧是复杂而多样的）。

　　这样一个简单的表格很难涵盖所有的组合。只在一个维度进行分类还算容易，但想象一下，多个维度交叉后产生了四千多种情况，这就没那么容易了。有些典型的项目，比如性别、年龄、人种、民族、职业等，都是人们所熟悉的。贝纳基和格林沃尔德表示，人是有默认值（default）的。[4] 比如，一提到美国人，脑子中浮现的形象是白人 – 男性 – 成人。如果提到韩国人，那么一般性的特征又是什么呢？可能是男性 – 中年 – 公司职员之类的形象吧。对于也门人，又有着什么样的默认值呢？

　　与此同时，人们很喜欢找出一些显眼的特征，然后划分范畴界限。比如，去某国家旅行时我们常会尝试了解这个国家的"国民性"，觉得要去一个陌生的国家和当地人打交道，为了不至于出岔子闹误会还是提前了解一些比较好。或许就是出于这样的原因吧，有一个旅行博客也整理了若干韩国人的性格特征，内容大抵如下。[5]

　　"韩国人比较情绪化。"

　　"韩国人没有耐心。"

　　"韩国人比较腼腆。"

　　"韩国人过于在意外表。"

　　对于这些内容，你同意其中的多少呢？如果正在阅读此书的你也是个韩国人，那又有多少是和你吻合的呢？

　　20 世纪 90 年代外国电影里出现的韩国人多是"财迷"的

形象。电影《城市英雄》(*Falling Down*,1993)中出现的韩国店主就是这样的，不买东西就不给换零钱。吕克·贝松(Luc Besson)的电影《的士速递》(*Taxi*,1998)中的两个韩国人就是为了开车赚钱，轮流睡在后备箱里。如此描写韩国人，仅仅是为了突出人物特征塑造形象吗？是不是也算是种族歧视呢？

　　英文中的"stereotype"，指的就是这种单一化认知，可以说是一种固定观念、刻板印象。这个单词首次出现于 18 世纪初，当时报纸大小的一个版面是用一整块雕版印刷出来的，这个单词指的就是那块金属印版。1922 年美国记者沃尔特·李普曼(Walter Lippmann)在《公众舆论》(*Public Opinion*)一书中使用了这个单词，于是就被赋予了今天的含义。李普曼认为，人们脑子里有着雕刻好的图画，未曾经历的世界就直接被扣上了雕版。虽然对外面的世界经历甚少，但通过刻板印象、固定观念就可以很快获得若有所知的感觉。人们就是这样理解世界的，舆论就是这样形成的。[6]

　　问题在于这种单纯片面的思考过程是会出错的。某些特征被过度普及就成了偏见(Prejudice)。为了更好地理解固定观念和偏见的作用方式，我们来进一步讨论一下各个国家的特征。就像前文中提到的那些对韩国人的刻板描述一样，当提到某个特定国家的人时，我们浮现在脑海里的又通常是什么样的形象呢？某个国际婚恋网站上登载着一篇题为"各国新娘大盘点"的文章。我们来看看他是如何介绍乌兹别克斯坦、越南和中国等国家的女性的特点的。[7]

  ·乌兹别克斯坦女性的特点：受伊斯兰教影响，至今仍保留着强烈的男尊女卑思想，就如同三四十年前的韩国女性一样，单纯朴素、尊重男性，多数新娘都有着嫁夫从夫的家庭观念。

  ·越南女性的特点：母系社会文化，多数女性会干农活儿，会料理家务，有着强大的生活能力，脾气好，顺从丈夫，恭敬长辈。有着强烈的母爱，关注子女教育。对婚姻抱着从一而终的态度，有老一辈的传统价值观。

  ·中国（汉族）女性的特点：成长于社会主义体制之内，勤劳俭朴，即便条件艰苦，也能做到坚忍不拔，有着优秀的忍耐力。

    映入眼帘的都是单纯、顺从、恭敬、勤劳、简朴、母爱、生活能力、忍耐力之类的词语。其中也不乏男尊女卑、嫁夫从夫、从一而终之类的四字成语。韩国的国际婚姻介绍所是盈利的商业机构。以鼓励国际婚姻为目的写的这些内容，定会极力强调描写各国女性的优点长处。但实际又有多少内容是准确的呢？

    固定观念，不是对真实面貌的思考，只是我们大脑里的臆想而已。[8]把假想图当成实景图的人就是我们自己。上面提到的婚恋网站上的文章，其中所说的各国女性特点，有多少是符合真实情况的呢？我们不得而知。但我们可以清楚地知道，那些计划国际婚姻的人，还有那些撮合国际婚姻的人脑子里想的是什么。他们使用顺从、男尊女卑、嫁夫从夫等字眼，就能说明他们想象中的婚姻是可以维持男性优越性的。所谓固定观念，可算是表明自己价值体系的某种自白。

想想婚恋网站描述的这些外国女性形象，如果她们真的来了韩国，韩国人看她们的角度还是会发生变化的。她们就不再是顺从恭敬的新娘，不再是有利于韩国人的形象，而会被描述成有害于韩国社会的外来移民。或是贬损她们是"从穷国跑过来挣钱的"；或是以"不想让她们花我们纳税人的钱"为由反对援助政策；或是反感她们，直接让她们"滚回自己的国家"。移民女性并没有变化，变化的是韩国人看待她们的视角。

固定观念虽是种错觉，但其影响力却是巨大的。一旦有了这种错觉，我们对信息的处理就会受到干扰。人们更为关注符合自己固定观念的事情，对这样的事情也更容易形成记忆。[9]结果就形成了某种循环，越是固定观念越会确信无疑。反之，对于不符合自己固定观念的事情就会毫不在意，就算事实摆在眼前也同样会置若罔闻，最多就是将其当成非典型案例，看作例外。[10]面对固定观念极度强大的人，无论向他们提供多少反例，最终都无济于事。

约翰·达利（John Darley）和帕格·格罗斯（Pager Gross）在1983年的研究就展现了固定观念在无意识中的影响力。[11]

研究者将参与研究的大学生分成两组，并向其介绍一个名叫汉娜的学生。此时，关于汉娜的家庭状况，向一组学生介绍汉娜来自低收入家庭，而向另一组学生则介绍汉娜为高收入家庭的小孩。在第一轮实验中让学生们仅通过该信息判断汉娜的学习能力。参与者们都迟疑了，因为仅凭借这一条信息很难做出判断。最后，两组同学对汉娜的评价结果并无太大差异。

但到了第二轮实验，变化就出现了。实验者给两组同学看了汉娜解题时的视频资料，两组看的是同一条视频。但两组的评价结果却不一样。认为汉娜家境殷实的这组同学给出了更高的评价。这组同学认为汉娜的解题正确率更高，行为更积极。为何会如此呢？因为参加者们虽然没有意识到自己的固定观念，但固定观念已经对他们获取信息的过程进行了干扰。人们会选择性地吸收那些符合自己固定观念的信息，吸收这些信息，也让自己的判断更有倾向性。

就这样，一条界线将人区分开来，基于这条线便产生了固定观念，于是人们的态度也发生了变化。这条界线究竟是怎样发生作用的，我们要好好思考一下。

流动的界线

2018 年 2 月，平昌冬奥会开幕前不久，为加入韩国代表队出征奥运，19 名外国人加入了韩国国籍。男子冰球 25 名运动员中有 7 人是外国人，女子冰球 23 人中也有 4 人是外国人。其中有一部分人是有韩国血统的，比如海外韩裔或是被领养人。[12] 即便如此，他们仍是未在韩国社会生活过的外国人。但很多人还是爽快地将他们视为自己人，给了他们国籍，并把他们称为"我们"。而就在几天前，同样是这些支持者，还在高声地反对济州岛收容也门难民。

然而，有的人无论在韩国生活多久，也不会被韩国人接纳成为"我们"。我们来看一下 17 岁蒙古籍少年贤浩（化名）的故事。贤浩的母亲是蒙古国籍，从贤浩 7 岁那年开始，母子二人就开始在韩国生活。2012 年，当时正在读高中二年级的贤浩因为给朋友劝架进了警察局。虽然很明显责任不在贤浩，但处理过程中却发现了贤浩并没有韩国滞留资格，在相关部门也没有登记。于是贤浩就被送到了外国人收容所，不久就被驱逐出境。[13] 虽然贤浩在韩国生活了十年，别说像奥运选手那样痛痛快快拿个国籍了，就算是在韩国滞留的资格都拿不到。[14]

当然，这两种情况不能相提并论。把国籍给层层甄选出的 19 名奥运选手，与把国籍或者滞留资格给一群黑户儿童，这是两回事。但社会对待他们的态度已经超过了对移民政策理性思考的水平。款待"我们"和排斥"他们"，两种态度之间有着明显的温差。款待这些"我们"的理由是什么呢？真的是因为这些人参加奥运会对韩国的贡献更大吗？若贤浩留在韩国，作为韩国社会的一员，终其一生努力工作所做的贡献也不会大吗？为什么想都不想就去排斥一些人呢？

就是一条界线，将"我们"和"他们"区分开来。研究表明，人们倾向于将自己不属于的团体统一称为"他们"。[15] 相比之下会感觉自己所属的人群更为复杂多样，也更有人情味。与此相反，外部人士则看起来更单调划一，更缺乏人情味。对内外两种人的差异会进行夸大思考。就这样，心中的界线圈出了一个以自己为中心的范围，于是对于"他们"的固定观念和偏见就出现了。也正是这条心中的界线导致了对外国人的不同态度。

学者们也一直在思考，这条界线是如何形成的呢？亨利·泰弗尔（Henri Tajifel）和研究者们通过实验说明这条界线很可能是没有任何意义的一条任意的线。[16] 在这项 1971 年的研究中，用幻灯片展示了两位艺术家的画作，每张幻灯片上的两幅作品左右排列，参加者在观看后选出喜欢左边还是右边。研究人员对参加者表示，是按照参加者的个人喜好把他们分成了两组，并（谎）称其中一组是喜欢瓦西里·康定斯基的，另一组则是喜欢保罗·克利的。但实际上结果与此毫无关系，两组人只是任意分配的而已。

每一组内的成员之间毫无关联性。但交给他们一个简单的任务，他们就真的像两个"群体"一样，共同行动了。研究人员向参加者分发纸张，让他们给"康定斯基组"和"克利组"的组员打分。结果显示，参加者给自己同组的人平均打分更高。其他的实验也呈现了同样的结果。通过假性格测试对人群分组，只是单纯地渲染一些个人的愤怒情绪，就足以让他们对其他组的组员进行负面评价。[17]大卫·德斯迪诺（David DeSteno）和研究人员认为这种现象就是自动生成的"无中生有的偏见"（Prejudice from thin air）。[18]

如果这两个组是竞争关系又会发生什么呢？也有研究显示，即便是别无二致的两个群体，也会因为环境的变化而引起群体矛盾。在1954年一次著名的罗伯斯山洞实验（Robbers Cave Experiment）中，穆扎夫·谢里夫（Muzafer Sherif）和同事在夏令营中将22名背景相似的儿童分成两队，两队的特质也尽可能相同，并分别取名为"山鹰队"和"响尾蛇队"。第一周两队的孩子们都不知道对方的存在。第二周两队相遇，开始进行棒球、拔河等有奖对抗赛。两队的孩子都开始向对手队进行指责和辱骂。对抗心理的产生让暴力和矛盾的色彩更为浓厚。到了实验的最终阶段，又向所有的孩子们提出了一个更高的目标，需要两队人共同协作才能达成，于是，两队之间剑拔弩张的状态开始缓解。[19]

通过这样的研究我们不难看出各个集团之间的界线并没有想象中的那么牢固。这条界线是在特定情况下产生的，自然也会随着环境的变化而变动。反观韩国社会，有些人一边反对外国人踏入这片土地，喊着"国民为先"的口号，一边又认可出征奥运的外国人是韩国国民。"我们"和"他们"之间的界线并不在于"国籍"这个客观标准，而在于一个主观的概念，在于我把谁"看成"自己人。很明显，一条界线把人区分开，我们对待"自己人"就会亲切，就会有奉献精神，对待"别人"就会是冷酷的，有时甚至是残忍的。

这时，将"我们"和"他们"区隔开的就不仅仅是国籍了，还有性别、身体状况、年龄、宗教、家庭状况、学历、地域、性取向、性别认同等，基于这些数不清的分类标准和范畴，人的存在是多层多面的。人可以从多个角度和维度进行区分，人群的界定也可以是近乎无数种形态。当然，一个人也可以同时属于多个不同的人群，所以在不同的情况下，有时可能会属于被歧视的那群人，有时却又属于享有特权的那群人。也有时候会同时属于多个遭歧视的人群，一次性遭遇多重歧视。

交叉路上

脑筋急转弯：A 公司的员工中黑人占一半，女性占一半，但没有一个是黑人女性，这是为什么呢？答案是：所有黑人都是男性，所有白人都是女性。即便如此，A 公司还是巧妙地避开了种族歧视和性别歧视，因为公司已经充分雇用了黑人和女性。在这个社会上，如果提到黑人就会想起男性，如果提到女性就会想起白人，那么黑人女性便不存在了。于是，金伯利·克伦肖（Kimberle Crenshaw）提出了关于交叉属性

（intersectionality）的问题。

这种事件是真实发生过的。曾经，美国通用汽车公司的雇员中没有一位黑人女性。1964 年以前一名都没有，1970 年以后雇用的黑人女性也都被解雇了。[20] 被解雇的 5 名黑人女性将此视为性别歧视和种族歧视，但法院并未支持这种观点。因为雇用过女性，所以性别歧视不成立。关于种族歧视的问题，法院的判断又参考了黑人男性的相关案件。而"需要另外考量对黑人女性的歧视"的观点并未被采纳。[21]

问题出在哪里了呢？若只从单一维度去理解歧视，就会发生扭曲现象。单一维度看歧视，对哪些人是有意义的呢？就是那些在多个维度都享有特权，只在一个维度被歧视的人。比如，一个黑人，是异性恋男性，那么只要种族歧视问题得到解决，他就能成为主流。同样，如果一个女性，是白人异性恋，那么只要没有性别歧视，她就是主流。那么，如果一个人是黑人女同性恋者，怎么办？这就如同前文提到的黑人女性案例，如果只从一个方面去考虑歧视问题，那就会有一些人在哪里都无法得到救赎。在黑人的范畴里被边缘化，在女性的范畴里也被边缘化，就这样，对黑人女性的歧视，被掩盖了。

克伦肖指出，如果不考虑到人的存在有很多面，就会产生这样的错误。在她的论文《人种及性别交叉问题的去边缘化：关于反歧视理论、女权主义理论、反种族主义政治的黑人女权主义批判》（*Demarginalizing the Intersection of Race and*

Sex: A Black Feminist Critique of Antidiscrimination Doctrine, Feminist Theory and Antiracist Politics）中以交叉路上的交通事故作比喻，阐释了交叉性。[22] 如果问题出在种族歧视和性别歧视的交叉路上，其原因真的显而易见吗？这两种歧视，可以用其中的任何一种来解释，也可以体现为两种情况相互重叠交织的第三种形态。

说到人种问题就不得不提性犯罪，这也是交叉点上的问题。黑人男性强奸白人女性的问题历来都是美国社会中的一大恐怖存在。因此，历史上很多黑人男性都曾遭遇过私刑（非司法性质的处罚）。是白人男性在要求白人女性的纯洁；也是白人男性在对那些玷污女性纯洁的黑人男性表示愤慨。对黑人男性的愤怒，巧妙地掩盖了白人男性的性别歧视。白人男性以白人女性保护者的姿态将矛头指向黑人男性，就好像性犯罪就是黑人的问题。这个社会看起来是在保护女性的安全，实际上更突出的问题是种族偏见越来越深。[23]

在这种环境下，黑人女性作为女性也得到了同等的保护吗？并没有。与白人女性不同，黑人女性被认为性生活不检点。白人男性对黑人女性实施的性犯罪在法庭上并不能得到妥善处理，因为当时的白人男性是特权一方。就算施暴者是黑人男性，黑人女性的处境也依旧困难。唯恐强化黑人男性都是性罪犯者的种族偏见，所以即便是黑人女性成了黑人男性性犯罪的受害者，也不能轻易把此事搬上台面。虽同为女性，人种不同，处境也大不相同。[24]

　　1991 年，黑人女性安妮塔·希尔（Anita Hill）自曝曾遭克拉伦斯·托马斯（Clarence Thomas）性骚扰，作为一名黑人男性，当时克拉伦斯·托马斯被提名为大法官。时任法学院教授的希尔出席听证会，陈述了托马斯作为上司对自己的言行。托马斯回应称希尔的主张是"自以为是的对黑人的私刑"，是种族歧视。通过"私刑"这个词，他把对自己的嫌疑转移到种族歧视的问题上，最终还是成为联邦法院的大法官。而希尔在听证会以后则备受指责，不得不离开自己任职的大学。试想，如果希尔是一位白人女性，结果还会这样吗？无论是作为女性还是作为黑人，希尔都站在了歧视的交叉路上。[25]

　　2018 年的韩国，人们以女性安全问题为由反对收容也门难民。很多人也开始谈论也门的性别歧视文化。但这样的内容只是在强化对也门人的种族偏见，并成为排斥他们的正当理由。可韩国人对也门的女性又有多少关注呢？事实上，在济州岛的 500 名也门难民中有 45 名是女性。[26] 但仿佛人们更愿意相信所有难民都是男性，传言也确实是如此。也门女性的存在像是被抹掉了。韩国社会在为女性安全呐喊，但却没给也门女性任何空间。因此，1851 年，黑人女性索杰纳·特鲁斯（Sojourner Truth）发表的《难道我不是个女人》的演讲依旧为人所传颂。

　　当我们面对歧视时，在性别和人种因素之外再加上国籍、宗教、出生地、社会地位等其他因素，情况就会变得更为复杂。从一个维度到两个维度，从三个维度到更多维度，问题就不太可能有解了。但不难理解，用单一维度去阐释歧视是行不通的。虽尚可以说和男性相比女性更易遭歧视，但若说和外国男性相比，韩国女性更遭歧视，就讲不通了。如果韩国女性是残疾人，或者外国男性的经济条件更好，加上这些因素后，歧视就更难识别了。

这是个困难又复杂的话题。但只有考虑到这些多样性，才能发现，我们既有遭遇歧视的可能，同时也有歧视别人的可能性。女性确实容易被歧视，但并不意味着女性在所有的方面都是弱势一方。在社会经济体系中处于低位的人也不是一直都是弱者。有的人受到的歧视是多重理由共同导致的，所以在被歧视的一群人中也会有更受歧视的人。歧视是在两群人之间互相比较的二分法中显现出来的，但须得让二分法在多个维度重叠，立体观察思考，才能更接近真实。

排斥济州岛也门难民的理由也不仅仅是和性犯罪有关。很多关于他们的言论在社会上流传："穆斯林都是恐怖分子""他们是会杀人的""不舍得花纳税人的钱支援难民""他们不是来避难的，是来挣钱的"。把也门难民看成本国人的威胁和竞争对手，集体敌视的情绪就会流露出来。青瓦台国民请愿留言板上支持废除难民承认制度的签名者有714875人，这也创下了当时最高纪录。[27]虽然也有调查报道澄清，表示这种助长对也门人的恐怖情绪的内容都是虚假内容，但收效甚微。人们早已形成了固定观念，思想就不太容易改变了。

与此同时，人们会抗辩称自己不是种族歧视者，自己也没有任何厌恶和歧视的想法。2018 年 8 月联合国《消除一切形式种族歧视国际公约》对韩国政府的审查在即，社会上也举办了讨论会。《联合新闻》报道了此活动，并通过报道介绍了济州岛也门难民问题和其他难民申请程序的相关问题。针对此报道的网络留言达到 7000 多条。[28] 多数是反对难民的意见，其中就有这些内容：

"真是太气人了。把所有国民都说成了种族歧视者。"

"我就是个普通老百姓，养俩孩子！我没有憎恶谁！我不是极右分子！"

我们真的把某些人想成"歧视主义者"了吗？

我们看某些"犯错"的人时，也会存在固定观念。一想到罪犯，就会联想到电影里看到的那些十恶不赦的人。事实上，当我们看到某些案件中的犯人时，会觉得"看着真不像这种人啊"，这也就反证了我们对罪犯是怀有固定观念的。歧视也是一样。如果你想到的是诸如白人至上团体 3K 党那样杀人放火的恶毒模样，你就会认为自己绝对不是坏人。但歧视比想象的常见得多，平凡得多。我们太容易抱持固定观念，我们也太容易怀有集体敌视心理。事实上，我们不歧视任何人的可能性几乎为零。

第三章　鸟儿看不到鸟笼

疮疤与污点

在某网络论坛上有人问了这么一个问题。

"某某大学的某某地方① 分校怎么样啊？"

对话小心翼翼地开始了。

"怕在校生听了不开心，在此作答稍有不便。"

对话在开始时还是很犹豫的，随着对话的进展，内容就越来越直接了。

"说实话，真心不怎么样！再难听的话我就不多讲了。"

"从分校毕业就是一辈子的疮疤。当然如果你无所谓的话去了也无妨。"

随后，一名校本部的学生说：

"完全没想过分校的事情，如果我们稍微想过一点的话，

---

① 除了首尔之外的其他地区。

也是厌恶。"

话题越聊越直接。又有一个校本部的学生回答：

"我们都不认为分校和我们是一个学校。说实话作为本部的学生我们也很不爽。总被人问是不是那个校区的。如果说就是因为分校的存在才给我们染了污点，算过分吗？"

在这条帖子下面又有这样一条留言。

"分校毕业生路过。给您抹黑了，实在抱歉。哈哈。"

这个问题的出发点也许只是为了了解一些入学考试的情况，尽管提得很谨慎，最终还是变成了赤裸裸的"污点"问题大讨论。留言板上满是对分校的差评，但其中还是有一位自称是分校毕业生的网友给了一些建议。

"无论是校内还是校外，这些对分校的认识差异我们都要默默接受。要是学习好，自然就上本部了。我两边都读过书，也都过得不错。"

他说，就算是有人轻视分校生，我们自己也得接受。毕竟去校本部读书的机会谁都有过，但如果没能争取到机会，那也只能愿赌服输。

笔者曾和学生们有过类似的交流。在讨论大学校区之间的矛盾时，学生们强烈表示：侮蔑地方大学学生的行为是有问题的。但校本部学生排斥分校生这个行为本身就是在表达"确实也会如此"。

"都是努力学习才考上的大学，但还是不一样。"

这种对话也不会聊得太透。给大学排名，就是因为存在某种大家心知肚明又难以启齿的禁忌。无论多么出言谨慎，一旦袒露内心直抒胸臆，当时就会有人受伤。但是无论是哪一方，都似乎没有要改变这种秩序的想法，都只是说"接受吧"。其中的原因何在呢？

想法成为现实

我们思考一下这个问题的本质，所谓名校光环存在的理由是什么呢？是因为名校的教育质量更高吗，学生更有机会成为优秀的人才，我们才更偏好名校？或者仅仅是因为学校的那块招牌？也就是说我就算不用特别去做什么，仅凭一个名校生的身份就可以获得利益？我们也不能确定是其中的哪一个原因。前文提到的本部学生和分校学生之间的矛盾看起来并不是针对教学质量的争论，更像是一个关于校名的问题。一块招牌，何至如此？

人们对一些大学都有着自己的认知。脑子里有一幅图景，也就是固定观念。很多时候，这种观念的形成并非基于学校的真实具体信息。而亲自走访各个大学，并在比较后进一步了解各校的特点及专长，也不是一件容易的事。但人们仅凭着脑子里的想象就觉得自己已经很了解这个大学了。实际上大部分的人只是在准备高考时看过招生简章，这才接触到了大学的名字而已。然后根据自己的成绩罗列出有希望的大学和专业，于是又熟悉了大学的排名。

韩国社会之所以这么重视高考是因为大学对一个人日后的就业、婚姻等各个方面都有影响。所以去排名靠前的大学也更好些。研究结果也显示确实不同院校的毕业生对自己薪金和生活的满足度各不相同。总体上看名牌大学毕业生的收入更高。[1]排名靠前的院校毕业生对未来生活的态度也更为乐观，这也就出现了"幸福按成绩排名"的研究结果。[2]

"过度预见现象"指的是通过人的学校出身可以预知其遥远未来的现象，这并不是单纯靠个人能力和努力所能说明的。很难相信，某特定时点以特定形式的考试成绩可以作为一个准确的指标预测一个人数十年后的未来。当然，不可否认大学的教育质量、人脉、机会等都会对未来产生影响。其中，就像很多人凭经验所感受到的那样，大学"招牌"的重要性也不可忽视。而这块"招牌"也在事实上为个人创造了能力和机会。我们来思考一下，为什么会如此。

固定观念虽然有负面影响，但有时也会发挥一些正面作用。名校生只因为在名校上学或从名校毕业就被认为是聪明有能力的，这样的固定观念对名校生而言是正面的。这是一种有利的偏见，这也在事实上塑造了今天的现实。因为在现实生活中人们更容易对这些人心怀好感，并愿意给他们机会。名校的学生们通过这些机会获得成长并有机会发挥自己的能力。在这样的循环之中，偏见成为现实，现实又强化了偏见。

相较之下，社会对地方大学的学生和没读大学的人就有着负面的固定观念。有利的偏见能带来收获，不利的偏见就会招致损失。那些没考上名校的学生就相应地被认为"不够优秀、不够勤奋、不够努力、不会做事"。遗憾的是，这样的看法总会变成现实。因为在这样的偏见之下，社会就会吝啬于给有些学生发展机会，同样的劳动成果也不会得到充分认可，让学生难有发展。

对某一人群的固定观念虽始于外部的观点，但最终也内化成了各成员的自我认知。人们对一个团体怀有归属感，也会认为团体是构成自己的一部分，于是就形成了社会身份认同（Social Identity）。[3] 这时就把团体和自己个人划归到了一起，因此针对团体的固定观念就被认为是针对自己个人的固定观念，就会影响自己的实际行为。某些固定观念是否被内化接受，会影响一个人自我能力的增减。

欧文·戈夫曼（Erving Goffman）注意到负面固定观念的"烙印"（Stigma）被人们自我内化的现象。[4] 人们用他人的眼光来审视自己的价值，就会将社会强加的烙印内化，并产生自惭自愧的羞耻之感。[5] 于是被评价者就会有失于自己的水准。即便他人未对自己作出赤裸裸的歧视行为，自己也会行为消极，自然而然地维持歧视的结构。有时候即便明知道遭遇了歧视，还是会自愧自卑，不做任何反抗。

　　实际上，单单是意识到有人对自己持有负面观点，就会影响到能力的发挥。美国曾经进行过一次实验，让数学能力相当的一群男性和女性共同解答一模一样的数学题。[6] 参加者中男性和女性的数学能力业已相当，自然看不出什么差异。但考试开始之前，研究人员的一句话就让结果产生了差异。

　　"本次研究是为了观察不同性别之间数学能力的差异而进行的。"

　　就是这么一句话，让女性的心态发生了变化。一定要克服"女性不擅长数学"的传统观念，于是心理负担越来越大，就影响了能力的发挥。

　　这就是一个恶性循环。人在负面固定观念受到刺激后，就会更想战胜这个负面观念，于是产生了心理负担，进而影响了能力的发挥，最终结果不理想，恰又和固定观念形容的一样。这种现象被称为刻板印象威胁（stereotype threat）。[7] 与此相反，没有负面刻板印象的群体在发挥能力时就会相对积极。因为在没有负面印象时，自己内心的疑虑和不安就会较少，不会影响自己知识能力的发挥。[8] 没有负面的固定观念影响，人们不会觉得自己被怀疑，而是感到自己被尊重，即便失败也不用担心自己的地位受损。[9]

　　我们稍微留意一下自己身边的故事就会理解，附着在我们身上的固定观念是如何影响我们自己的。比如，有过运动经验的人都知道，教练的态度对运动员的影响是很大的。"作为女生来说已经不错了"，这句话听起来似是种称赞，但却触碰到了女性不擅长运动的固定观念。在这种教练的指导之下，就不容易出成绩。"地方大学学生做到这程度已经不错了"，这句话也是一样。对于地方大学学生的固定观念就像是一记重拳，从结果上击垮了能力的发挥。自己害怕的预言，就这样成为现实。

当然，人们也不会一直被固定观念牵着鼻子走。有些人反而会深度探究并积极应对这些社会上的固定观念。因为在这个为了名校和大公司的虚名而激烈竞争的时代，他们对社会的偏见有着清醒的认知。当我们已经知道社会上存在偏见和歧视时，就请想一想该如何应对吧！

"选择"歧视的人们

我所在大学的原州校区有保健福利学院和科学技术学院。两个学院的性别构成差异一目了然。以 2017 年的标准看，保健福利学院（包括多文化专业、社会福利专业、幼教专业、护理专业）的女生占比 80.3%，男生占比 19.7%。与之相反，科学技术学院（包括机械自动化专业、多媒体工程专业、产业经营专业、计算机工程专业）的男生占比达到 89.5%，女生占比 10.5%。女生和男生的比例分别是 4：1 和 1：9，差异鲜明。

这一现象并非我校独有。根据 2018 年教育统计资料，全体学生中女生占比 44.4%，虽然数字相对较少，但也接近半数，而各专业的情况却大为不同。从专业类别的角度来看全国大学生的性别比例，女生在幼儿教育、普通教育、护理等专业在读生中的占比超过 80%，而机械冶金、电气电子、交通物流、土木规划等专业中女生的比例不足两成（表 2）。

表 2　各专业女生占比

女生占比高的专业	女生占比低的专业
幼儿教育（96.4%）	机械冶金（7.7%）
普通教育（82.4%）	电气电子（12.5%）
护理（81.2%）	交通物流（13.5%）
美术造型（77.0%）	土木规划（15.8%）
初级教育（70.7%）	计算机通信（21.8%）
特殊教育（68.2%）	产业（23.4%）

注：韩国教育开发院教育统计中心（https://kess.kedi.re.kr）提供的"各学科专业学籍生数量"资料分析（调查基准日：2018 年 4 月 1 日）。括号中的比例是全部学籍生中女生所占比例。

为什么会出现这样的差异呢？我们很难武断地认为女性不擅长数学和自然科学，所以考不进理工科。相反，在 2018 年度的大学招生考试中，语文、理科数学、文科数学几个科目都是女生的平均标准分更高。[10]2017 年度的数据也显示女生在语文、英语、文科数学中的平均标准分更高，理科数学中男女生相同。[11] 两个年度的理科数学中，虽然高分段男生占比更高，但在低分段女生占比也更低。

如果说有差异，那只能是很多女生在高考时就没报考理科数学，而理工科需要的却是理科数学成绩的考试。韩国教育课程评价院的数据显示，2018 年度参加理科数学考试的女生占比 34.4%，男生占比 65.6%。[12] 虽然也有可能因成绩不好而放弃考理科数学，但更多的是因为从一开始就没打算读理工科专业所以就没准备理科数学。

我们该如何看待性别和专业的关系呢？从数字上看，4：1 和 1：9 的差异确实分明。但这是歧视吗？在交流中，多数学生并不认为这是歧视。因为这是每个人自己的选择，而非他人所迫。如果以性别为由不能让我选择我想要的，是歧视，但我自己选择的专业中哪个性别的比例更高，也不是什么问题啊。果真如此吗？

我们站在女性的角度思考一下，为什么会"选择"这些专业。首先可能是因为兴趣和性格。女性更会照顾他人，更会教授他人，所以很多女生选择教育和护理专业就不难理解了。但就算是女性身上有这样的特质，其背后也有社会文化的巨大作用。如果我们把多个国家的情况进行比较，就会发现性别固定观念会导致职业道路选择的差异。

2008 年《科学》杂志发表了一篇题为《文化、性别、数学》的论文，分析比较了 40 个 OECD 国家的性别歧视问题及 15 岁学生的数学成绩。[13] 结果显示，性别歧视现象比较严重的国家，女性的数学成绩更低。谢利·科雷尔（Shelley J. Correll）在其论文《性别与职业选择过程：有偏见的自我评估的作用》（*Gender and the Career Choice Process: The Role of Biased Self-Assessments*）中解释道：女性接受了没有数学天赋的文化固定观念，低估自己的能力，在选择专业方向时也就更容易规避一些与数学相关的事情。[14]

女性集中于某些特定专业，某种程度上也与专业的就业前景有关。韩国雇佣信息院的《2016年大学毕业生职业成长状况调查》显示，女性大学毕业生更倾向于从事"社会福利与宗教""保健医疗"等相关领域，其女性占比分别是76.5%和73.3%。文化、艺术、设计、广播领域女性占比63.9%，教育、自然或社会科学研究领域女性占比69.0%。相较于机械领域占比5.3%，材料科学6.7%，电气电子12.0%，女性在前述领域的就业机会看起来就多得多了。

表3　各行业大学毕业生平均月薪、女性占比及收入比

行业	平均月薪 单位：万韩元	女性占比 单位：%	女性平均月收入比(与男性比)单位：%
金融、保险	272.20	46.5	80.0
法律、警察、消防、狱警	253.66	35.2	81.5
机械	251.98	5.3	107.4
电气、电子	234.56	12.0	107.3
交通物流	226.85	5.8	74.9

续表

行业	平均月薪 单位：万韩元	女性占比 单位：%	女性平均月收入比（与男性比）单位：%
工程建设	224.63	22.5	80.1
信息通信	222.70	23.2	93.4
化学	216.55	26.2	73.8
保健医疗	213.96	73.3	85.5
环境、印刷、木材、家具、工艺及生产岗位	204.10	28.2	91.6
市场及销售	203.00	35.3	70.6
经营管理、会计、行政	201.96	54.1	78.6
材料科学	200.78	6.7	65.1
美容、住宿、旅游、娱乐、体育	189.69	50.6	76.6
军人	185.18	9.3	87.3
文化、艺术、设计、广播	177.78	63.9	86.0
教育、自然或社会科学研究	171.40	69.0	95.5
社会福利及宗教	165.86	76.5	92.0
餐饮服务	138.75	55.1	76.6

注：该表格是对韩国雇佣信息院（http://www.keis.or.kr/）提供的《2016年大学毕业生职业成长状况调查》等资料进行分析后的结果，且资料是针对2015年大学毕业生进行调查及信息收集后形成的内容。上表不含标本数不足100的警卫及保洁相关岗位、食品加工相关岗位、农林渔业相关岗位、纺织与服装相关岗位、管理岗位。

　　遗憾的是女性在多数行业的薪资水平普遍偏低。从表3可以看出，同时期的大学毕业生就业时，不同性别之间存在收入差异。过半数的行业中女性的平均月收入不到200万韩元，而半数以上的行业中男性平均月薪超过 200 万韩元（约合人民币 12000 元）。即便是同工种，女性的收入也多会低于男性，若男女不同工种就业，女性的收入更低。[15]

韩国的收入性别差距是十分严峻的问题。从 OECD 国家的资料来看，韩国女性的收入比男性低 34.6%，是 OECD 国家中收入差距最大的。[16] 将受教育水平考虑在内，其结果也是一样的差异巨大。在受教育水平较低的阶层，收入的性别差距更为明显，但在大学以上学历的人群中，同等教育水平的女性同样比男性的薪水低 28%。[17]

然而，不同性别对不同专业的"选择"，真的和社会歧视毫无关系吗？作为女性会考虑哪些专业更好就业，哪些职业即便是结婚生子也能继续工作，这些考虑与选择都是就业市场和社会歧视共同作用的产物。不仅女性，残疾人、性少数者、外来移民等也同样如此，他们在充分认识到自己的不利条件之后，根据实际情况作出反应。

讽刺的是，这样的结果就沿着歧视的道路发展下去了。如果就业市场按性别划分，看似对女性有利，但收入却持续处于低位。对劳动价值的评价，与社会整体的性别意识及政治影响力都是不无关系的。有些女性人数较多的行业，也正是因为女性多，其劳动价值就不能得到充分认可。[18]

这不是一个"同工同酬"原则解决得了的问题。[19] 若女性和男性从事同样的工作，却获得更少的报酬，直观上看来当然属于歧视。但如果女性从一开始就主动选择报酬较低的工作，就另当别论了。也许有人会说，是女性自己选择进入这个对自己不利的劳动市场的，这个问题女性要自己负责。

制度性歧视 (Systemic discrimination)[20] 就把这种歧视粉饰得一点都不像歧视。歧视蔓延于整个社会之中，且由来已久，即便有人并非有意，仅仅是做了本职工作，就已经形成歧视。在歧视之下，无论是受益者还是受害者，都各司其职、秩序井然，于是每个人都成了不平等结构的一部分。

有时候我们还会有意识地去努力适应社会的偏见。平日里爱穿牛仔裤运动鞋的人，有时候也会穿上西装皮鞋。参加面试就是一个典型的例子：不是去展示自己的个性，而是去迎合对方的喜好。如果遇到一份心仪的工作，就会提前在脑海里勾勒出那份工作的图景，然后将自己尽力塑造成图景中职员的样子。这就是为迎合对方的偏见而作出的有意识的理性的行为。

因为社会偏见的存在，人生中越是重要的事情，就越不能随心做选择。不，应该是为了获得最安全的结果，就会做出最保守的选择。吉野贤治在他的《掩饰》（*Covering*）一书中着重描写了那些有着"不受欢迎"身份的人，为了不暴露自己而竭尽全力伪装自己。[21] 他通过"掩饰"一词来述说少数群体生活中所受到的压迫，他们明明无法完全成为主流，却被要求顺应主流、与他人同化。

若没有了歧视，人们还会做和今天一样的选择吗？若我们成长于一个没有固定观念和偏见的社会，我们的喜好和我们的性格，还会和今天一样吗？

鸟，是看不到鸟笼的

1947 年，肯尼斯·克拉克（Kenneth Clark）和玛米·克拉克（Mamie Clark）的玩偶实验（Dolls Test）就生动地展示了一个令人唏嘘的现实：偏见，在人们很小的时候就形成了。[22]该实验中，实验者在 3 岁到 7 岁不等的黑人儿童面前放置玩偶。两个白人玩偶，两个有色（棕色）人种玩偶，轮流放置。然后问了如下一系列问题，并让孩子们在玩偶中做出选择。

"你想和哪个玩偶一起玩啊？"

"哪个玩偶善良一些？"

"哪个玩偶看起来是坏蛋？"

"哪个玩偶颜色好看？"

黑人小孩多数都偏好白人玩偶。有 67% 的黑人儿童表示想和白人玩偶一起玩耍。有 59% 认为白人玩偶更善良，60%认为白人玩偶的肤色更好看。与之相反，有 59% 的黑人儿童认为有色人种玩偶看起来更像坏蛋。只有 17% 认为白人玩偶看起来更坏，剩下的 24% 要么是没有作答，要么回答不知道。

实验者最后又问了一个问题。

"哪个玩偶和你更像？"

有几个孩子一听到这个问题就哭了起来。这种情况，让孩子们处于一种自我否定的尴尬之中，流露出了进退两难的情绪。还有一个孩子一边选择有色人种玩偶还一边给自己解释说：

"我是因为脸晒黑了而已。"

1954年，美国联邦法院关注到了此次试验，并作出了重要判决。[23] 这就是被称为世纪判决的"布朗诉托皮卡教育局案"（Brown v. Board of Education of Topeka），联邦法院废除了黑人与白人分校的政策。[24] 在此之前还曾有人认为，只要能保证相同的设施水平、相同的教学课程、相同水平的教师，即使将黑人小孩和白人小孩分开教育，也是平等的。将黑人和白人分开的行为本身并不被看作歧视。

玩偶实验成为一项重要证据，证明了现实并不是人们想象的那样。种族隔离本身就已经在黑人孩子的心中种下了"卑"的种子，因此学业成绩只能越来越差。以下是大法院的判决书，正如其中内容所言：隔离的教育设施本质上就是不平等。

公立学校白人与黑人儿童的隔离对黑人儿童造成了消极且有害的影响。因为种族隔离的政策被解释为含有"黑人群体是低劣的"之意，其影响更大。……我们决定不接受公立教育中"隔离但平等"的原则。学校设施的隔离本身就是一种不平等。[25]

反过来想想看，人们内化于心的烙印和自卑感也许就是感知到结构不平等的信号。本章开头提到的大学排名，也许就存在于优越感和自卑感之间。教育原本是为了给所有人成长的机会，但现在其本来的目的早已被歪曲，成了能给予人或优越感或自卑感的体制。有的人认为大学排名是公平竞争的产物，但"疮疤"和"污点"太大，让这一矛盾根本无法被忽视。

玛丽莲·弗莱（Farilyn Frye）把压迫比喻成鸟笼。[26] 从近处看鸟笼，只能看到一根铁丝网。一根铁丝网而已。没有人会认为这一根纤弱的丝线能阻止鸟儿的飞翔。在鸟笼里，要退后一步远些看，才能看到这一根根纤弱的丝线早已编织成了鸟笼，这鸟笼，囚禁着鸟儿。我们也要后撤一步，才能看到那个桎梏我们的鸟笼。"高压与壁垒相互连接而成的结构之网"[27] 就在妨碍我们挥动翅膀。

歧视，你看得到吗？制度性歧视存在于我们的日常之中，体感自然，所以很难被察觉。在奴隶社会，奴隶被认为是自然存在的；在女性没有权利的时代，女性没有投票权也是自然的事情。[28] 奥兹莱姆·森索伊（Özlem Sensoy）和罗宾·迪安吉洛（Robin DiAngelo）说过："我们的视野是有限的，社会早已让我们习惯于盯着一角或某个个案，而不去放眼更大更交错的结构。"[29]

我们的视野限制着我们的思维。被压迫的人不去看那个带来问题的社会体制，反而觉得自己的不幸是一时的，是偶然的。于是便不去争取，不去斗争，只是觉得"没有办法啊"，就默默接受。处于有利位置的人，也就更难感受到压迫，视野也就更局限，他们不能理解那些痛说歧视的人，还会认为这些人"过度敏感""抱怨太多""妄想特权"，总是把责难的矛头指向对方。[30]

所以我们需要一些怀疑的精神。这个世界真的平等吗？我的生活真的和歧视毫无关系吗？若要拓宽视野，我们每个人都需要自省自查。若有人指出一些我见不到的内容，就是发现自己视野死角的机会。若没有这些自省自查，只是随波于这个早已习以为常的社会，我们就会加入歧视的队伍中。万事皆如此，平等也不会从天而降。

第二部分

歧视是如何被抹掉的

第四章　为何因一句玩笑话而拼命

"拿人种问题开玩笑，有意思吗？"

我可以扮成黑人搞笑吗？

电视喜剧栏目《寻找笑声的人们》（下称《寻笑人》）中有位演员扮成黑人搞笑，引发了舆论的批判。把皮肤涂黑，涂上厚厚的嘴唇，戴上卷卷的假发，头上还插根葱，一副搞笑模样，在舞台上跳舞。节目一经播出就有观众批评其内容在"贬低黑人"，于是制作团队也公开致歉，并删掉了视频。参加演出的喜剧演员也为自己"肤浅的搞笑"致歉。

在此过程中，媒体人之间的唇枪舌剑让问题变得更加受人关注。媒体人 A 通过脸书（Facebook）公开批判："拿人种问题开玩笑，有意思吗？"对此，媒体人 B 反驳："就是个装扮而已，非得说成贬低黑人，这样一概而论还真是够草率的。"我们来看看媒体人 B 的回答：

就是个装扮而已，这位仁兄非得说成贬低黑人，这样一概而论还真是够草率的。要按您这种解释，永九和孟九的形象就是贬低自闭症儿童咯？曾经韩国的喜剧形象"小黑"也是广为喜爱，那也算是贬低黑人吗？

借着这段文字我们回顾了永九、孟九、小黑这些久违的喜剧形象，我们也看一看那时有多少节目都游走于搞笑和歧视之间。虽然语境不同，但问题却很重要。永九和孟九至今都脍炙人口，这些"傻子"形象是不是在贬低残疾人呢？20 世纪 80 年代，扮成黑人形象在舞台上又唱又跳的"小黑"，也是贬低黑人吗？当时 KBS 电视台有一档很有代表性的喜剧栏目 Show Video Jockey，"小黑"就是其中一个单元，颇有人气，甚至后来还发售了唱片。彼时今日，又有哪些不同呢？

如今，30 年过去了，一个重要的变化就是：开始有人说那种笑话"不好笑"了。回忆起来，童年的我一看到永九、孟九、小黑就会笑得前仰后合。当时学校里还有孩子因为模仿他们特别像而被大家喜欢。但现在我不再觉得那些喜剧有意思了。然而这种尴尬也不太好表达出来。搞不好就会被人说：本来一笑而过的事儿，是不是有点太敏感，过度解读了。

关于黑人装扮的争论也给我们提出了一个更为深奥的哲学问题："到底为什么会觉得好笑？"另外，把这种笑和歧视联系在一起，这"一概而论的错误"又有多"草率"呢？我们同时也在思考，这是不是"过度解读"？对于玩笑，我们真的要一笑而过吗？还是得和他们以命相拼？

你为什么会笑

借着《寻笑人》的喜剧风波，我们也来回顾一下黑人装扮喜剧题材的历史。扮演黑人，有一个英文词可以形容：blackface（黑脸），指的就是扮成黑人在剧场舞台上又唱又跳的演出形式。演员把皮肤涂成黑色，画上厚厚的嘴唇，戴上卷卷的假发，穿上破布衫子。19世纪美国舞台上一个黑人扮相的角色十分有名，名叫吉姆·克劳（Jim Crow）。从19世纪后半程到20世纪中期，美国那些实行种族隔离制度的法律被统称为"吉姆·克劳法"，其由来就是这种黑人扮相。[1]

一时间，这种"黑脸"形象在美国的童话、漫画、玩具等各种产品中被广泛使用，并成为黑人的典型形象被固定下来。[2]但随着20世纪50年代民权运动的扩大，一项拒绝"黑脸"演出和"黑脸"形象的运动也开展起来。[3]扮成黑人被批是贬损黑人的行为，是种族歧视，同时，明目张胆地使用"黑脸"形象也逐渐成为美国社会的禁忌。[4]《寻笑人》中的黑人扮相和美国"黑脸"的化妆技法如出一辙。借用久被程式化的黑人形象，2017年，这个不合时宜的形象在韩国又重新成为搞笑的手段。

同样的装扮，根据时间和方式的不同，有时可以很好笑，有时就不可以。但越来越明晰的是，幽默会随着社会状况的变化而变化。我们能接受的是什么样的幽默呢？我们喜欢的又是什么样的幽默内容呢？

柏拉图、亚里士多德，很多古希腊哲人都说过，人们很乐于看到别人的弱点、不幸、缺陷和笨拙。[5]所以我觉得，笑，就是对他们的一种嘲弄。这种观点就叫作"优越论"（superiority theory）。[6]托马斯·霍布斯（Thomas Hobbes）解释道：人在和别人比较的时候发现自己更好些，自尊感会油然而生，心情也更好，便会笑从心来。[7]损人的幽默之所以好笑是因为在其中能找到自己的优越感。

根据优越论，人处于不同的位置，对于同一个情节会有不同的感受，有时觉得好笑，有时就不会。让自己有优越感的情节就会觉得好笑，相反，挫伤自己的情节就不觉得好笑。道尔夫·兹尔曼（Dolf Zillmann）和乔安妮·康托（Joanne Cantor）在1972年做了一个实验，展示了对于同一个情节，专家和大学生会有怎样不同的反应。[8]参加者有着上下级关系（母子、师生、劳资双方等），他们都会看一副带有贬损意味的漫画。实验结果显示，社会地位较高的专家们认为上级贬损下级的情节更有意思，而社会地位较低的大学生们则正好相反，认为下级挤对上级的情节更有趣。

不同人群之间的关系亦是如此。人们更喜欢那些让自己所属的人群更有优越感的笑话，换句话说，是更喜欢贬低自己所不属于的人群的笑话。一旦对对方有了感情，笑话也就不再可笑了。被揶揄的主体一定要是那些和自己无关的人、不重要的人，笑话才会好笑。若我们本身就对笑话里的人有偏见呢？如果贬损的是和自己天壤不同的那群人，是自己不愿成为的那些人，那么自己所在的群体也就会更有优越感，就会感到开心。

当然，这幽默背后深藏的阴暗心理我们都不愿意承认。就算心里头承认，表面上也要极力掩盖。并不是所有的幽默都可以用优越论来解释。即便如此也不可否认，有的笑的确就是由此而发。而戏耍某一人群的幽默，就是源于这种集体心理。所以，问"为什么好笑"，不如问"谁在笑"。那些看黑人装扮发笑的人，把自己归到哪类人群中了？笑不出来的人，又是处于何种位置呢？

托马斯·福特（Thomas Ford）和他的同事们解释称，有贬损色彩的幽默唤起了人们心中封存已久的偏见。[9]人们纵是对某一人群心怀偏见，也多会碍于社会规范而不得展现。但如果有人以幽默的形式表达这种贬损之意，就会形成一种"玩笑而已"的氛围。于是社会的规范就会变得松垮，人们便可以轻松展现自己内心的偏见，歧视就变得可以接受，人们也就开始了歧视的行为。这就是"偏见规范理论"（prejudiced norm theory）。[10]

幽默可以瞬间撤掉那个封锁禁忌的门栓。在幽默的外衣下，出格的行为也会摇身一变成为游戏或者玩笑而被接受。若有人对这玩笑太过认真，反而会被认为不合适。如此，在禁忌的领域也可举重若轻，挑战权利的讽刺也就成了可能，社会自然也认可其价值。[11]但若禁忌的门闩瞄向弱者而开，玩笑也就变得残忍了。

其中一个典型的事例就是最近韩国社会中被炒得很热的一个关键词，"仇恨言论"（hate speech），这也是一种针对弱者的语言游戏。这种歧视特定人群的表达主要成形并流传于论坛、网站等的互联网世界中。基佬（同性恋）、吞金兽（儿童和青少年）、老帮菜（老人）、孩儿奴（妈妈）等，网络上出现了很多类似这种把人非人格化的表达。不管什么话题，编成了笑话就都可以说了，于是集体的偏见和敌对心理的封印就被解除了。

这种"玩笑"的残酷性往往存在于言者和听者之间的缝隙里。在这缝隙里，上演着陈年的戏码：听者说"你这是歧视！"，言者却说"我绝无此意！"你无意贬损也无意歧视，那你又意欲何为？有很多时候，本意都只是为博人一笑。《寻笑人》的黑人装扮也是这个意图。这就是所谓的"搞笑欲"，有时也只是为博得对方的好感，搞活气氛。

2018年12月韩国全国残疾人委员会启动仪式暨任命书授予仪式上，共同民主党代表李海瓒也许是出于同样的目的说了一句："看这些搞政治的人讲话，有时候我都想，这是正常人吗？这种精神病太多了。"很快就有批评指出，这是在贬损精神上有残疾的人。李代表致歉称"绝无贬损残疾人之意，纯属误会"。[12]从现实情况上看，李海瓒代表确实不太可能故意贬低残疾人，毕竟发言的地点是残疾人委员会，还是个贺词。若反之将这句话的目的理解成通过幽默博大家欢心，就说得通了。

但"政治圈儿有太多精神病"这句幽默并不好笑，尤其对于那些对残疾人有认同感，有共情的人更是如此。那么是谁在笑？若说这就是政界人士共通的幽默，也未可知。也许是搞政治的人早已习惯了自嘲，因而未能感知到这句话是以对残疾人的贬损为前提的。若真是如此，就出现了一个更为本质的问题。政客们都意识不到这幽默中暗含的贬损，恰说明他们认为残疾人和他们无关，或是无关紧要。

残忍，就滋生于言者和听者之间的鸿沟之中。戈登·哈德森（Gordon Hodson）和同事的研究表明，"就是句玩笑而已"这种一笑而过的想法本身就和社会的态度有关，一种漠视、排斥社会弱势群体的态度。[13]以幽默、玩笑、笑话之名贬损他人来招笑时，"他人"也正经历着被嘲弄和被蔑视。而这些"他人"总是反反复复集中在"软柿子"即好欺负的特定群体。因此，我们要认真思考，扪心自问：我们有没有在践踏谁，有没有在笑话谁。

称呼的权利

无论地位的高地，各类人都可能会遭遇贬损性的幽默。但其影响对于不同的人而言却不尽相同。首先，可以明确的是无论地位高低，都会对贬损自己及所属群体的内容感到不快。区别在于，有的人群容易成为贬损性幽默的素材，而有的人群则不会。比如，很少有关于消防员的玩笑和笑话，而对于外籍务工人员，贬损性的语言就太多了。虽然也有一些针对政界人士的贬损性语言，但其程度和那些针对残障人士的日常的贬损性表达是不可同日而语的。

人们对有些幽默是断不能接受的。网络上有一个极右色彩的社群，他们在留言板上将世越号沉船事件 ① 的死难者蔑称为"鱼饼"，引发了众怒。同时，也有一些幽默是在毫无问题意识的情况下发生的。比如"废物""傻子"这类自带贬损残障人士色彩的词语，虽然没有特别流行，但也是人们日常表达中会出现的，也有些幽默是当成游戏被大量使用的。对于哪些人可以成为玩笑的素材，人们终究是各有各的感受。

我们在笑谁？托马斯·福特等人的实验表明：根据对对象人群的价值判断不同，人们对贬损性幽默的反应也不同。¹⁴ 恐怖分子和种族主义者这种是理应受到社会批判的人群，贬损他

---

① 2014 年 4 月 16 日，韩国一艘载有 476 人的客轮"世越号"在全罗南道珍岛郡海域发生浸水事故，之后沉没。事件导致 300 余人遇难／失踪，其中大部分为 15—19 岁的学生。

们的幽默并不能激发出人们内心潜藏的偏见。但对于穆斯林、同性恋、女性这类人群而言，社会对他们的态度是积极和消极并存的，于是贬损他们的幽默就能极大激发出人们内心压抑已久的偏见。

福特等人的实验结果正如论文题目所示：同样的贬损性幽默，其影响之于"所有人群并非对等"（Not all Groups are Equal）。[15] 一些关于穆斯林、同性恋、女性等社会弱势人群的贬损性视频或电视节目就很容易激发潜在的偏见。因而可能会带来歧视的效果。所以作者强调，对弱势人群的玩笑，并不是一句轻松的戏言，玩笑里暗含着催生歧视的力量。[16]

社会环境不同，对某些人群的社会评价也会有所变化，因此幽默的影响程度也会不同。2018 年，韩国行政研究院对 8000 名 19 岁到 69 岁的韩国人进行了社会包容度调查。针对各类少数人群的接受度进行了提问，表示"完全不能接受"的比例分别是：同性恋 49.0%、脱北者 12.6%、外国移民·劳工 5.7%。[17] 韩国社会对这些弱势人群的幽默并非止于玩笑，很有可能将偏见发展成歧视。

对少数者的潜在抗拒心理通过"仇恨言论"释放了出来，在近来的韩国社会中表现得赤裸裸。通过泛滥的"仇恨言论"，偏见横行，歧视被正当化的"规范"也就此形成，而关于平等的规范却已模糊。没有明确的规定不能搞歧视，幽默就是在这样的环境中滋生的。在社会确立反歧视的规定之前，以幽默之名贬损他人的欲望就会持续流露，不断增长。

有时，为了规避一些带有贬损色彩的词语，我们会用其他的表达方式来代替。比如把"残疾人"或者"残废"换成"残障人士"；"残缺家庭"换成"单亲家庭"或"祖孙家庭"，"混血儿"换成"多元文化家庭子女"。这些词语的替换中含有对单词本身所含的无意识偏见和烙印的反思。但这些烙印不会因换了个单词就被根除。就像是"残障人士""多文化"之类的用语，又沾染上了贬损之色，换词也无法铲除人们内心的贬斥，烙印挥之不去，死灰复燃。

所以有些少数人群直接将这些附着烙印的词语进行专有化（reappropriation）改造。方法就是直接把它当成正能量称呼，自行为其赋予积极的色彩，并用以自称。[18] 最具代表性的例子就是指称性少数群体的"酷儿"（queer）。这个词的本义是"怪异"，专门用来嘲弄性少数者。但性少数者自己却对这个词进行专有化改造。不仅取用"怪异"的本意，还延伸出表达"特别""独创""多样性"的意思，反而有了值得自豪的特征。[19]

就像韩国性少数群体的庆祝活动被称为"酷儿文化节"一样，"酷儿"已经成了属于性少数者的单词。在经过性少数者的专有化改造之后，这个词原本含有的"贬损"效力就消失了。异性恋就失去了一个随意定义、呼喊同志们的武器。"我们是酷儿。习惯我们的存在吧！"（We are queer. Get used to it！）之类的口号挑战了语言的权力和偏见，颠覆了原有的含义。

残疾女性人权运动团体"残疾女性共同社"在 2018 年提出了一个口号"不合于时代的不全政治"①，使用"不全"一词的目的就是要颠覆烙印。我们来看一下残疾女性共同社对这一口号的解释吧："重新思考正常和成长的话题，重新书写依存与团结的含义。"

我们知道，每个时代都有像残疾人这样不合于时代的存在。我们也记得，总有人会歧视他们，并给他们打上"残废"的烙印。我们拒绝那些扯着嗓子喊"残废也要活下去"的暴力运动，我们要做的是重新定义"不全"这个词。社会和国家歧视、排斥这些行为能力不健全的人，"不全"的政治就是从这样的环境中生长出来的。我们和处于这种境地的少数人士一起，重新思考正常和成长的话题，重新书写依存和团结的含义。[20]

这并不是说我们现在可以用"残废""不全"来称呼残障人士。只有当我们参与到挑战传统糟粕、重建社会对残障人士尊重的运动时，才可以使用这个词语。这也是我们没办法将大

---

① 韩语中"不全"指的就是身体有残疾。

量关于少数群体的词汇列出一个单词表，划清哪些可用、哪些不可用的原因。

以某种名称来称呼某些人是一种权利。若有人把对他人的戏耍轻描淡写地说成小玩笑，也正表明了他的社会位置和权利。反之，若有人被外界打上自己不喜欢的烙印，也正说明了他作为少数派在社会上的位置，以及其无力的生存状态。别人在用你喜欢的方式称呼你吗？你在用他人喜欢的方式称呼对方吗？你手上有没有称呼的权利？如果有，你是怎么用的呢？

没有反应的反应

如果能理解幽默与社会权利相关，也能很好地察觉到幽默的力量也是有差异的。有些是社会地位较高人群贬损社会地位较低人群的幽默，这种幽默能给被贬损一方的生活带来巨大影响。反之，地位较低人群讽刺地位较高人群的幽默则往往可以让讲笑话的人瞬间释放压力，得到宣泄。多数者和少数者，教师和学生，雇主和雇员，上司和下属，男性和女性，原住民和移民者，等等，各种权利关系中，幽默对双方的影响力度各不相同。

若忽略这种权利关系，只单纯地理解成两个群体之间的"互相贬低"就错了。想想最近广被争论的"拜金女"和"蝈蛹"①。"拜金女"和"蝈蝻"这两个词的使用都是以贬低为目的的，都不是什么好词儿。两个词都是带有侮辱性的，所以与"人人都须被尊重"的人权大原则相违拗。

我们也不能说这两个词中所包含的社会逻辑是一样的。"拜金女"含有"为追求奢侈生活而利用男人的渣女"之意。还有一层含义是，这与女性需要展现给男性的"良家"形象不一致，也就是说，对女性的期待是一个温良恭俭的形象，这才是女人该有的样子，这个词还被赋予了一个十分压抑的角色规范。而"蝈蝻"则不会解读成对于男性的角色规范，而更多地被解读成女性站在自己的立场，使用"我也可以嘲弄你"的称呼权利。

所以"拜金女"和"蝈蝻"的争论早已超越了单纯的单词使用的问题，而是应该从更深层的社会性别歧视的话语结构中去理解。在女性、残疾人、性少数者等素来饱受压抑的人群争取平等的过程中会反反复复出现这种现象。这是两种表达的对立，一种是以维系现有压迫为目的的贬损性表达，另一种是为挑战现有权利而做的贬损性表达。如果只用"二者都有问题"的两非论，各打五十大板，问题就永得不到解决。关于不平等，废立两派剑拔弩张，但在这种紧张之下，我们应该明确一个观点：要本着实现社会平等的方向去思考问题

---

① "国男"的谐音，互联网世界中对中国男性的贬损性称呼。此处韩语原文为"韩男虫"，即"韩国男人＋虫"，也是韩国互联网上出现的对韩国男性的贬损性称呼。

的解决方案。

我们日常经历过许多贬损性的语言和表达，但就是因为太过日常，反而很难解决。因为反复出现，为人所熟悉，所以很难逐一应对。尤其是当面对别人一句玩笑时，又不好应对得太过严肃。那些披着幽默和玩笑外衣的贬损性表达，就是因为"只是句玩笑而已"，反而有着"无法轻易对抗的强大力量"。[21] 这样的语言攻击像一把飞来的匕首，狠狠插入人们的内心最深处，说也说不清问题出在哪，就算要说清，可说的机会也转瞬即逝。于是我们也只是一言不发，把那刹那间的机会默默放走。

以前我曾和一位律所的元老级律师同席吃饭。席间他兴致正高，对着我们这群法学院学生高声说了这样一句话："女生学好就废，男生学好就贵。"此话一出，旁边的学生们笑得畅快，我也一样。回家路上咂摸那句话，便开始心中不快。我越是气愤老律师说的话，就越是痛恨我自己当时那副跟着笑的德行。于是我决心再也不会对那样的内容赔笑。若在发生问题时没有迅速回应的能力，至少也应该做到不迎合赔笑，也算是最低限度的抵抗了。

然而，幽默的一个重要特点就是，成败取决于听众的反应，这是显然的。于是，我们既要问"谁在笑"，也要问"谁没笑"。就像是那些面对《寻笑人》中黑人装扮笑不出来的观众们一样，他们的出现，就让这种幽默被淘汰了。对于那些贬损、嘲弄他人的笑话，不笑，就等于传递出了"这并不好玩儿"的讯息。对于一些玩笑，我们有时候没必要非得争得脸红脖子粗，但至少也要做到无表情，以表示自己的反对。

第五章　相信有些歧视是公正的

食用油套装、女士、挂绳

　　电视剧《未生》（2014）中，张克莱（林时完饰）收到了公司发放的年节礼品——食用油套装。收到过节礼，本该是件开心的事，但其他职员的桌上放的却是火腿礼盒。因为公司给非正式员工发的是食用油，给正式员工发的是火腿礼盒。看到这个画面的观众们，内心也定会有一些微妙的感觉，分明是礼品，却怎么都让人高兴不起来，感受到的是令人心酸的歧视。

　　一个是食用油套装，一个是火腿礼盒。从购买成本上看，只差了一两万韩元（50—100 元人民币）。这钱说多不多说少不少，人们何以对此有心酸的感觉呢？好歹也是个礼物啊。这样"微小"的歧视所引起的伤害也着实令人困惑。正如我们很难去应对那些把"大事化小"的幽默（参考第四章），这样日常的"微小"歧视也不太好应对。明明是感觉得到有哪里不对，但又难以言表，着实让人为难。

　　水原地区的一个居民中心①把女性非正式员工称呼为"女士"。听起来像是个尊称，但细品缘由，就会发现并非如此。正式公务员的称谓是"主管"，又不能将非正式员工也称为主管，所以这也是不得已而为之的办法。如果年龄小，可以用"小××"来称呼，年龄稍大点儿的可以称为"先生"。看成问题的是对四十岁上下的女性称谓问题，叫"小××"不合适，叫"先生"也不合适。水原市人权中心判定，"女士"这一称谓含贬低非正式员工之意，是不合理的，属于歧视。[1]

　　于是水原市只得另寻一个称谓。当时有些中央行政机关和地方自治团体在称谓上是不对正式和非正式员工进行区分的，统称为"主管"，也有的地方将非正式员工称为"业务员"等。水原市对"主管"和"业务员"这两个方案进行了斟酌。非正式员工自然希望能和其他的公务员一样被称为"主管"。但水原市表示要采用"业务员"这个称谓，这种做法再一次遭到了批判。难道这种批判不是意料之中的吗？为什么一定要分开称呼？看来在当权者的想法中，非正式员工和有保障的正式职工是不可等同视之的。[2]

　　某些公司通过工牌挂绳的颜色区分正式员工和非正式员工的做法引发了争议。"正式员工红色，非正式员工绿色""正式员工蓝色，非正式员工灰色"等，让人一眼就能看出来谁不

①　韩国的地方一线行政机构，类似于中国的社区、街道办等机构。

是正式员工。当然，也有一些企业并没有在工牌上对正式员工和非正式员工进行区别对待。相反，也有不少的企业为了将正式员工和非正式员工区别开来，会使用不同颜色的挂绳，或者直接不给非正式员工发工牌，只给一个临时出入证之类的身份证明。[3]

食用油套装、女士、工牌挂绳，这些做法的目的都是要将正式员工和非正式员工区别开。为什么要这么做呢？其中食用油套装和火腿礼盒尚有可能是出于节省费用的目的，但"女士"和"主管"之间呢？工牌挂绳的颜色之间呢？就不存在什么费用差异了吧。就算是没有财政原因的掣肘，人们还是想极力做区分。为了区分而区分！区分就是目的！

认为歧视是公正的想法

首先我们来思考一下食用油套装和火腿礼盒的问题。我们暂且假设是一个大企业有财政压力。如果年节礼品的支出预算有限，会怎么办呢？礼品的发放可以有一百种方式的。可以按照职级发放，按照工龄发放，按照婚否发放，按照性别发放，按照业绩发放，礼物发放可以有很多种标准。当然，最简单的方式还是一视同仁，每个人都一样。

在电视剧《未生》中，正式员工和非正式员工的礼物是不一样的。这并不仅仅是电视剧中一闪而过的情节，在现实中，正式员工和非正式员工的差别远非过节礼品那么简单，在更广泛的范围内都有着差异。从对韩国劳动研究院对统计厅的《经济活动人口调查》进行分析后得出的结果来看，[4]非正式员工的薪水只有正式员工的64%~65%。非正式员工在国民年金、雇用保险、健康保险、退休金、员工奖金、加班收入、带薪假期、教育培训等方面得到保障的只有正式员工的24.4%~45.6%，不足正式员工的一半。虽然正式职员也不见得能拿到所有的保障，但相较之下，非正式员工的保障比例明显很低。

为什么偏偏在正式职员和非正式职员的区分上花这么多心思呢？把歧视正当化的一个常见理由就是"资源有限"。但这个理由并不足以让歧视变得正当合理。资源有限，为什么不平均分配，而是给正式职员更好的礼品？这就更需要解释了。如果要把歧视正当化，不仅仅是资源有限的问题，还需要说清楚，有什么样的合适理由可以划分出资源分配的优先顺序。

对此，有人认为歧视本来就是某种形式上的"公正"：因为歧视是一种更正确更道德的行为，所以歧视是必要的。比如，勤奋工作业绩好的人，总不能和偷奸耍滑的人同等待遇吧。项目组里"搭便车"的人也不应该和别人同样对待。他们认为，所谓正义，不是所有人待遇都相同，而是按照业绩，有阶序分配。

"同类的人同样对待，不同类的人自然不同对待"，所以非正式员工的礼物比正式员工的廉价，所以非正式员工不能像正式员工那样被称为"主管"，所以工牌挂绳一定要用不同的颜色。因为正式员工和非正式员工本质上就不一样，所以自然要不同对待。如何被对待，取决于能力和努力，这是精英主义视角下的公正和正义。

精英主义（meritocracy①）相信"无论是谁，只要有能力，只要努力，就可以成功"。⁵因为相信只要努力且有能力就可以攀居高位，所以也会认为社会位置低的原因就是个人不够努力。一个社会只要声称人人都有阶级跃升的机会，就可以认为这个社会是平等的。所以从精英主义者的视角看，阶层是存在的，也就是说结构上的不平等也是没有问题的。甚至认为，为了补偿竞争中付出的努力，正义的社会就应该对人区别对待。

在精英主义者眼里，许多不平等现象是正当的。即便处于不利位置的是自己，也同样这样认为。当女性在职场中受到不公对待时，如果认为原因是自己能力不足，那么这种状态就会被接受成常态。⁶于是，那些"没能力还不努力"的人吃些亏，也就被认为是正常的了。"乞丐不想工作""××人很懒""残疾人没用""胖人不自律"等关于能力的消极固定观念一旦形成，这类人群中的每一个个体都会被贴上"活该"的标签。

精英主义的信仰体系是简明又直观的，它带来的是"有多

---

① 也译作"能力主义""功绩主义"等。

努力就有多成功"的希望。人们醉心于那些支撑这一信仰体系的故事，痴迷于那些寒门贵子、平民英雄的故事。人们因为信仰精英主义，所以对有社会成就的人会格外尊敬，想听他们讲自己是如何考上名校的，是如何入职大公司的。人们抱怨的不是社会的不平等，人们抱怨的是"阶级跃升之路已断""寒门再难出贵子"。

从这样的视角看去，一个人"不屈不挠过关斩将"终成正式员工，一个人"未经艰苦努力便轻松成为"非正式员工，二者怎么可能有同等待遇？就算是二者同工同酬，看起来也是不公平的。两人做着同样的工作，实际能力并没有太大差距，这是事实，但这一事实并不重要。重要的是为了维持精英主义信仰体系，一定要在"价值"不同的两个人之间制造出差别。

然而，精英主义，真是公正的吗？

倾斜的精英主义

精英主义如果真的要成为一个公正的规则，是需要重要前提的。首先，需要制定"如何鉴定能力高低"的评价标准，而且作出评论的人不能有任何倾向性。确定下来的评价标准不能对任何一方有利，也不能对任何一方不利，对于所有被评价者都应是同等条件。同时，他人的评价无论何时都必须是鉴定个人能力的正确标准。但这些前提有多少是符合现实的呢？我们看一个案例。

2010 年，一位听觉有障碍的学生在即将大学毕业之时向国家人权委员会提出上诉，原因是某公司的人事录用标准中有一条是须托业（TOEIC）成绩 600 分以上或具有相当英语能力，他主张，该要求属于歧视。托业考试满分为 990 分，听力495 分，阅读 495 分。身为听力障碍人士，不能顺利完成听力部分考试，所以总成绩没法达到 600 分。那么针对听觉障碍人士，录用标准中所要求的托业成绩是不是可以适当下调？如果分数线定在 300 分，是不是就公正了呢？

我们假设这家公司炙手可热，申请者众多。也许会有一些申请者认为这样的标准也有失公正。非残障人士为了通过这个困难的听力考试付出了那么多的金钱和时间，努力地学习，但听力障碍人士却完全不用如此，也许会有人认为这是不公平的。如果听力障碍人士在这样的标准下入职公司，到时候同事们会怎么看他呢？也许有人会觉得本来没有资格的人反而被优待了，就算嘴上不说，心里也是看不上这种人的。

那究竟要如何是好呢？难道要求每个人都要 600 分以上才算公正吗？让所有听力障碍人士彻底失去申请资格才算公平吗？或者给听力障碍人士单独制定一个分数线，让他们也能申请，这样算是公平吗？这些问题的答案，取决于回答的人本身是不是听力障碍人士。大约每个人都会认为对自己有利的方法看起来更公正吧。

约翰·罗尔斯（John Rawls）提出的"无知之幕"（veil of ignorance）就是一个十分有效的方法，可以判断这种情况下何为公正。[7]只有对自己是穷还是富，是男还是女，是否有能力等全然不知时，才能脱离自己的既得利益，找到正义而公平的规则。如果我们不知道自己是否为听力障碍人士，对于托业考试分数这一项录用标准，我们会作出什么样的选择呢？

对于某些岗位而言，如果英语是必备能力，那么就不能说这条标准是不合理的。或者我们这样问，对于工作岗位所要求的能力而言，托业 600 分以上的英语能力是必需的吗？录用英语听力及阅读能力俱佳的人，是出于业务相关需求吗？如果招聘的岗位是英语同声传译，要求英语能力自然无可厚非。可若是国内业务的策划、研发、运营之类的岗位呢？

国家人权委员会认为，对此问题中涉及的工作岗位而言，英语听力并非必要能力。核心业务是企划、市场开发、技术开发、网络及系统运营，而英语沟通能力只是附加技能。入职员工的预计工作地点也不是在国外，而是在国内。事实上英语沟通能力并不是必需的，企业却以此为由对听力障碍人士进行不公正对待，因此人权委员会认定此招聘标准违反了"禁止歧视残障人士及救济弱势群体等相关法律"。[8]

如果仍旧对残疾人考录的不同标准心存不满，不妨看一下更为本质的问题。在规则制定之初，残疾人就没有被考虑在内。制定评价标准的人和作出评价的人，应该都不是残疾人。他们也没有想象过残疾人会申请。就算是需要英语的沟通能力，他们也没有站在残疾人的角度上思考过这个问题。这就是一个纯粹按照非残障人士的标准设计的能力评价体系。

对所有人都一刀切地执行同一套标准，看似公平，实则酝酿了歧视。司法考试中，如果给每位考生同样的试卷、答题卡，同样的答题时间，对于视力障碍人士就很不利。[9]在面点师的考试中，如果不能给应试者配备手语翻译，对于听力障碍人士就是非常不利的。[10]在公务员考试中，如果所有应试者都不能配备笔记代笔人①，对于患脑病的残障人士就是不利的。[11]对所有人都施用同一套标准，反而会对一些人不利，这就是间接歧视（indirect discrimination）。

我留学过的学校曾有一项政策：母语非英语的学生在入学后的一段时间内可以在考试中获得更长的答题时间。[12]我印象中当时是给了 1.5 倍答题时间。作为法学院学生，语言能力自然是重要的，但考试中要考察的不是英语水平，所以基于这种考虑才制定了该政策。就是因为这项政策的存在，非英语国家来的留学生才不至于因为语言问题而早早放弃考试，或者始终在考试中垫底。

所以我们也需要像这样，仔细思考这无数个能力评价标

---

① 2015 年，被判定为"脑病变 1 级"的尹某向韩国国家人权委员会提出请求，想要在参加公务员 7 级会计考试中使用笔记代笔人，即将其心算过程中的数字及符号代为记录在纸上的人。该请求被拒绝。

准，是不是尤其对一些人有利，而又尤其对一些人不利。我们再来看看托业分数这条招聘要求。就算不是业务必备能力，很多用人单位也会要求很高的托业分数。这会不会特别有利于那些英语环境好的社会阶层，或是特定学历、特定学校的学生？

精英主义体系是人为建造的，而人本身就不可避免地具有倾向性。迷信精英主义的人又会忽略这一事实。人们都会基于个人经历、社会经济背景等因素抱持有倾向性的观点。什么样的能力重要，如何评价能力是高还是低，这一切的判断其实都受到个人倾向的影响。用这样的方式来评价个人能力，出题者的倾向性势必导致对某些应试者有利，对有些应试者不利。

甚至那些看似客观的评价制度中也有偏见的介入。某大企业的年薪制度是基于标准化业绩考核的，埃米利奥·卡斯蒂利亚（Emilio Castilla）从 1996 年到 2003 年，针对该企业 8800 名员工的数据进行了分析。[13] 分析结果显示，即便业绩考核的分数一样，女性和少数族裔员工的薪资涨幅也低于白人男性职员。就算业绩考核分数一样，上司也会从主观上压低工资涨幅，于是差异就产生了。所以，通过结果可以看出，即便是客观的指标和标准化的系统，也无法让不平等彻底消失，因为评价过程中依然有偏见的介入。

但标榜精英主义的人会认为自己的行为是客观而公正的。卡斯蒂利亚和史蒂芬·贝纳德（Stephen Benard）通过一个实验来观察标榜精英主义的人在实际行为中是否真的做到了公平公正。[14] 如果他们真的能做到公平公正，业绩相当的人，无论男女，都应该同级评价。但实验的结果却远非如此。这些标榜精英主义的人对男性的评价更为友好，对女性则更为苛刻。讽刺的是，那些未曾标榜精英主义的人，反而对男性的友好倾向更小。

为什么标榜精英主义的人反而更加不公正呢？原因就在于他们误以为自己不偏心。当人们坚信自己客观公正时，就会更加自信，也更容易作出带有倾向性的行为。[15] 于是，偏见就脱缰而出。贝努瓦·莫林（Benoit Monin）和戴尔·米勒（Dale Miller）的实验也表明：有的人质疑带有性别歧视色彩的言论，并通过这样的方式来彰显自己并不是性别歧视者，然而这些人所作的行为却更容易是偏爱男性的。[16] 越相信自己的公正的，就越容易作出带有倾向性的行为，这就是卡斯蒂利亚和贝纳德提出的"精英主义悖论"（paradox of meritocracy）。[17]

对能力进行选定、评价的人本身就是有倾向性的，其选定的评价方式也很难做到对所有人都公平，因为被评价者的情况也是多种多样的。除此之外，有评价就一定有误差。所以，用单一评价结果给人排名次、下定义是非常危险的行为。若再用这样的标准来划分人群，打上一个永久的烙印，对人的未来产生极大的影响，难道这不正是实实在在的不公正、不正义吗？

能力既不是唯一也不是全部

能力不只有一种，也不是一个人的全部。但以某一特定评价标准去断定一个人的习惯是从什么时候开始的呢？包括我在内，很多人都会记得童年时代最初经历过的歧视：老师总是偏向那些学习好的学生。我们应该都见过，学习好的学生更容易得到老师的信任，就算犯了错误也容易被原谅，至少不会遭到嘲弄和侮辱，老师也记得住他们的名字，关心他们。我读高中时，学校会在冬天把那些学习好的学生聚到一起，给他们单独开暖气。

这样的偏爱完全被制度化了。2009 年，国家人权委员会收到群众意见：高中分快慢班对成绩较差的学生不合理，属于歧视行为。学校现行的分班制度是根据学习成绩分普通班和重点班。2 年级和 3 年级各 7 个班，分成 4 个普通班和 3 个重点班。然后按照全年级成绩，文科班前 60 名和理科班前 30 名分入重点班，其余为普通班。

而校方则坚持这种行为属于分层教学，并表示基于学生的学业水平授课，正是为学生着想，是较为理想的教学方式。不给学生统一的教育，而是根据学生的实际情况进行教学，或许是一个不错的方式吧。如果学校的思路没有问题，那么无论是普通班还是重点班，学生们都应该对此表示满意才对。但事实是这样的吗？

国家人权委员会针对普通班和重点班的学生进行了问卷调查，结果令人吃惊。有 88.9% 的重点班学生对分入重点班表示满意，而普通班学生中有 78.5% 对分入普通班表示不满。虽然不是所有重点班学生都满意，也不是所有普通班学生都不满意。但悬殊的数字差异可以看得出，这种分班制度对重点班学生更为有利。这种分班制度也不是对所有人都有利的。

按成绩分班的制度也不是以学生为本的。教师对普通班的关注度很低。和重点班相比，教师对普通班显得不太上心，会认为普通班的学生"反正也不学习，不用管了"。学校会把教学经验丰富的教师优先分配给重点班。重点班也有着一些特权，比如学校只给重点班的学生发印刷材料，只给重点班的学生补课机会。普通班的学生会觉得自己不受重视，班里厌学情绪弥漫；相反，重点班的学生会更有自信，学习氛围也更浓厚。

人们对"成绩不同理应得到不同对待"的理解是存在误会的。"因人而异"在某种意义上是正确的，即不考虑每个人的不同情况，一刀切地对待所有人，就会产生不平等。就像是对听力障碍人士要求英语听力成绩一样。若非如此，我们不应该将其理解成应该以成绩为统一标准划分出优劣等级，然后给优等的一边尊重和支持，对劣等的一边进行蔑视和排挤。奖赏超过了合理的水平，胜者通吃所有机会与尊重，负者承受一切侮蔑与排斥，这既不公平也不公正。

国家人权委员会认定该高中按成绩分班的制度无关教育资源的使用，属于歧视行为。

事实上，给重点班学生发放的学习资料也可能对普通班学生并没有什么帮助，但问题在于这种微妙的差异会在无形中给敏感的青少年灌输歧视的意识，也会引起普通班学生的自我贬低。但相关人员和学校并没有关注到这一问题。……以重点班的学生对分入重点班表示满意为由，认为这样做有利于"营造学习氛围"，其实是相关人员和老师对重点班倾注了更多关心的结果。诸如此类的关注和支持应该在考虑到学生的水平和特性之后，从根本上做到均等分配。[18]

2017 年，韩国青少年政策研究院开展了人权现状调查，结果显示有 28.3% 的儿童和青少年表示曾因"学习不好"被人歧视过。[19] 恐怕我们正在通过教育来践行不公正的精英主义，我们也许因此正在创造一个充满区别对待的不平等的社会。

第六章　被驱赶的人们

双城记

1964 年 12 月，美国产生了一项重要的判决。以下是判决书的一部分，是大法官阿瑟·戈德堡（Arthur Goldberg）引用参议院通商委员会的意见书所述内容。究竟发生了什么事呢？

与其他人一样使用公共设施时却遭拒绝，人一定会感觉自己的尊严遭到了侮辱。而民权法的一个重要目的就是解决这类问题。歧视，并不只是纸币、硬币、汉堡、电影的问题这么简单。而是因人种和肤色不被认同为共同体的一员之时，内心感受到侮蔑、挫折与羞耻的问题。[1]

1964 年夏，美国南部城市亚特兰大的一家旅馆的店主不接待黑人顾客。此前他从未接待过黑人，此后也不想接待。但当时议会已经通过了《民权法案》（ *Civil Rights Act* ）。根据该法案，商家不得以人种、肤色、宗教、祖籍国为由对顾客施以歧视或区别对待。旅馆也须遵从此法。旅馆的店主莫尔顿·罗尔斯顿（Moreton Rolleston）同时也是一名律师，他本人对此无法接受，便于 1964 年 7 月 2 日，在《民权法案》通过仅两个多小时后提起了诉讼。

罗尔斯顿主张，作为店主，他有权按自己的意愿选择顾客、自由经商。他反对《民权法案》，认为国家限制经商自由的行业属于侵害私有财产，国家不能强制商家为不喜欢的顾客提供服务。罗尔斯顿要求国家赔偿 1100 万美元（以 2019 年货币价值计算约合 8900 万美元，相当于约 1967 亿韩元）。[2] 其理由是：此法案致其名誉受损、顾客流失，经营濒临破产。[3]

"亚特兰大中心旅馆诉美国案"（Heart of Atlanta Motel v. United States）最终被上交至联邦法院。结果如何呢？如果罗尔斯顿胜诉，那 1964 年的《民权法案》就不复存在了，美国也将在更长的时期内维持种族隔离制度。经联邦法院一致同意，罗尔斯顿的主张被驳回。其不区别对待就会蒙受经济损失的主张也未得到认可。最终认定此事无关经济损失，议会有权制定反歧视法律。[4]

2011 年秋，釜山一个桑拿房拒绝让 P 女士入场消费。理由是她的肤色和长相是"外国人"。P 女士很委屈，和店主理论，称自己虽来自乌兹别克斯坦，但已经加入韩国国籍。而店主仍旧坚持"就算有韩国国籍，长相还是外国人的样子，也不行！"[5]P 女士拨打 112 报案，警察也出动了。可此事最终是如何解决的呢？

桑拿房的店主称"怕外国人有艾滋病，客人们都不希望外国人进来"。[6]店主担心让外国人进店，以后韩国本土的客人就不来了。最后警察劝说 P 女士去别的桑拿房，并称如果店主拒绝她入场，警察也是没有办法的。

在韩国，大众营业场所的店主就算以人种、肤色、宗教、祖籍国为由拒客也没有相关规定能干涉。有的桑拿房直接挂出了"韩国人专用桑拿房"标识。[7]甚至还有一个大型桑拿房专门设置了外国人专区，并表示"因为有的客人不喜欢和外国人一起洗浴，所以专门辟出了这个区域"。[8]任何人都可以自由拒客的社会，正是罗尔斯顿这个种族隔离主义者所期待的社会，这真的是一个正义的社会吗？

我们在拒绝谁？

当然，种族歧视在美国依然存在。几个韩国裔老人在纽约的一家麦当劳快餐店内只点了一两美元的咖啡和炸薯条，就久坐店中，店家认为此举不妥，便报了警。[9]费城一家星巴克有两名黑人青年未点任何饮品而坐在店里等人，店家也因此下了逐客令，两名青年拒绝离开随即报警。[10]

这两个事件一出，大众纷纷指责店家的种族歧视行为。与前文的亚特兰大旅馆事件及釜山桑拿房事件稍有不同，这两个事件中的店方并没有明着说因为对方是"韩国裔"或"黑人"而驱赶顾客。但如果白人顾客有同样的行为，他们也会采取同样的做法吗？显然不会。虽然店方并未直接表达拒绝"韩国裔"或"黑人"入店，但行为本身暗含了种族偏见，所以也被认为是种族歧视。

与此相比，如今韩国社会中出现的歧视是非常直接的。釜山桑拿房的店主明确表达了"外国人"恕不接待。"本国人专用"就很像是黑白人种隔离时代的"白人专用"（white only），"外国人专用"又与"有色人种专用"（colored only）并无二致。有的餐厅和夜店会拒绝"非洲人"，也有的地方拒绝"巴基斯坦人、哈萨克斯坦人、沙特阿拉伯人、印度人、埃及人、蒙古人"等入场。[11]

拒绝的理由除此之外还有很多。曾经一些餐厅和咖啡厅因"拒绝儿童入内"而引发社会讨论。而后又出现了"拒绝学生入内"的现象。拒绝儿童入内的理由是儿童很吵，会妨碍到其他客人。拒绝青少年入内的咖啡厅认为青少年的言行普遍无礼，店里曾有过多名青少年一起只点一杯咖啡，而后霸占位置很长时间，与店家发生矛盾的情况。[12]

那么，"残疾人禁止入内"呢？有一家餐厅对独自前来用餐的残疾人说"没有位置了"，拒绝其入内。但残疾人依旧进了店，于是店方报警，称有残疾人赖着不走。[13]一家餐厅称不接待听力障碍人士，拒绝为其预约，理由是曾经和有听力障碍的客人发生过不愉快，还补充说这和"恕不接待儿童"差不多。[14]

餐厅、咖啡厅、洗浴城、电影院、娱乐设施等面向大众营业的场所内，顾客引发骚乱，多半不是小事情。商场管理者要求顾客行为得体也并不为过。某些商家拒绝特定人群入内，也会解释称该人群是有问题的。但仅仅因为可以要求顾客守规矩，就可以在某一个客人没有守规矩时拒绝一整个群体吗？

我们回忆一下那些在学校或者部队里集体挨训的经历吧。我自己就曾亲身经历过，因为一个学生犯错，全班都跟着受体罚，而且这种经历还不止一两次。此时，那些没做错事情的学生就会很委屈，这纯属无端受罚。于是犯错误的学生事后会非常难受，因为被其牵连的"受害者"会对他进行报复。一个班的学生有几十名，其中难免会有那么几个人犯错误。算下来，集体体罚也就成家常便饭了。

集体体罚制度对于没做错事的人而言是不合理的，对于做了错事的人而言又是处罚过度。当然，法律上也会有因他人过错而承担连带责任的情况。比如，下级违法乱纪，上级也会因管理疏忽而承担责任。但如果不是这种上下级隶属关系，就另当别论了。某些外国人、某些少年儿童、某些残疾人出了问题，难道要让他们整个群体都承担连带责任吗？

更为重要的问题是"我们在拒绝谁"。所谓"极品"顾客的故事是说也说不完的。兼职求职网站 albamon 对 2507 名兼职学生进行了调查，询问关于"极品顾客"的问题。兼职生反映，顾客的很多行为让他们很受伤：用命令口气，讲话不客气（54.2%）；结账时直接把钱或卡扔在桌上（32.6%）；对兼职生提出其权利之外的过分要求（28.2%）；顾客犯错却强迫兼职生道歉（24.7%）；顾客找碴撒气（15.6%）。[15] 这些当然都是不该发生的行为。

然而，通过"拒绝儿童入内""拒绝学生入内""谢绝残疾人入内"的做法，问题就可以得到解决吗？如果"极品"客人是一个成年男性，难道也要挂出告示牌写上"禁止成年男性入内"吗？如果"极品"顾客是某大企业的员工呢？也要写上"禁止某企业"然后拒绝该企业所有员工入内吗？这很难想象。反之，对于外国人，仅是"单纯的"讨厌，就挂出了"韩国人专用"的告示牌。为什么有的群体并没有犯什么错，却会遭到拒绝；为什么有的群体中有人出了问题只被当作个案，却不被看作集体的问题？

排除与隔离的机制

通常而言，商家是不会拒绝客人的。客人自然是越多越好的，毕竟客流能创造收益。从店主的角度来看，当这个简单原理不能被满足的时候，就会拒绝客人。也就是说来的人对增加收益没有帮助的时候，要么是买不起的，要么是妨碍（更多）客人来的，满足其中任何一项，都很容易被拒之门外。要是既没钱又碍事儿，就更要拒绝了。指的就是那些"没钱，又招（有钱的）多数人嫌弃"的人。

店主为了盈利真的什么都可以做吗？通常不是这样的。有很多事情是可以赚钱，但法律不允许的。过了保质期的食品是不能出售的，[16] 虚假宣传、过度宣传也是不可以的，[17] 也不能随意拒绝退货退款。[18] 这些措施都是为了保护消费者。那么，拒绝那些"没钱，又招人嫌"的顾客又会如何呢？这是商业经营的自由吗？还是为了公众利益，需要被规范呢？美国漫长的种族隔离历史也是从这样的"拒绝"开始的。

1964 年《民权法案》制定前，美国法院对禁止黑人使用公共设施或对黑人进行隔离对待的行为是持容许态度的。1867 年，费城的州法院对"迈尔斯诉西彻斯特及费城铁路公司案"（West Chester & Philadelphia Railroad Co. v. Miles）中涉及种族隔离的判决是：上帝既分别创造了白人和黑人，种族隔离也就实属自然，隔离也不是为了分出优劣。不同种族间的互相厌恶会产生矛盾，为规避纷争、维护和平，可以适当进行种族间的隔离。[19]

在这种逻辑的加持之下，种族隔离横行美国。1870 年，"吉姆·克劳法"在美国南部出现，以法律形式确立了种族隔离制度。学校、餐厅、酒店旅馆、医院、剧院、理发店等公共场所都开始禁止黑人入内，洗手间、休息室、盥洗台等的入口处也贴上了诸如"白人专用"或"有色人种专用"之类的标识牌。渐渐地，工作岗位也出现了隔离现象。[20] 这样的制度一直持续到 20 世纪 60 年代。

历史上臭名昭著的 1896 年"普莱西诉弗格森案"（Plessy v. Ferguson）更是给种族隔离政策插上了翅膀。关于此案，美国联邦法院认为：隔离政策并非歧视有色人种，就算是存在社会偏见或不平等，也不是通过立法可以解决的问题。同时还表示，"不同人种间的平等须是心态上相互认同，是个体之间自发产生亲密感的结果"；至少在互相认同之前"为维护生活秩序及人种间的和平稳定，人们有权选择遵照现有的传统及习惯"。[21]

虽然联邦法院矢口否认，但普莱西诉弗格森案中所述的种族隔离显然是在维护"白人"的生活秩序。因为要维持白人至上主义，所以企业也不会拒绝国家插手并执行种族隔离。[22] 平等靠"个人间的自发协商"是不会实现的。随着 1964 年《民权法案》、1965 年《选举权法》（Voting Rights Act）及 1968 年《公平住房法》（Fair Housing Act）的制定，曾经通过立法也不能得到有效解决的偏见及不平等问题也逐渐有了头绪。

前文所述的旅馆老板罗尔斯顿声称《民权法案》中禁止种族歧视的营业规定属于侵犯私有财产。对此，联邦法院大法官威廉·道格拉斯（William Douglas）在另一项判决中援引参议院的报告予以驳斥：限制私有财产、反对歧视不是在限制自由，反而是在促进个人自由。

事实上，私有财产制为实现其终极目标，即个人自由，也作出了很多限定。其中最具决定意义的就是奴隶制的废除。奴隶曾一度被认为是私有财产。但每个人的自由都应得到重视，自然也没有人会觉得奴隶解放会伤害谁的个人自由。[23]

以营利为目的的企业，自然会尽量顺应主要客群的价值取向。然而为迎合主要客群内心的偏见与厌恶而拒绝某人群或隔离某人群的话，就是另外一回事了。美国制定《民权法案》，禁止歧视行为的核心就在于确立了"即便是企业，也不能以违背社会正义的方式来攫取利润"的原则。不能认为面向大众的一切经营所得都是私有财产，无论企业大小都是社会的组成部分，都有责任遵守社会伦理。

另外，美国那段罪大恶极的种族隔离历史似乎就是从微小的"内心不快"开始的。同时也说明了如何处理类似的情感是会影响历史走向的。对某一人群心怀厌恶，若对这种情绪置之不理任其发展，不平等就会越来越严重。很遗憾，在没有法律和规范的情况下，我们是不能指望着人会以自发的方式实现平等的。我们从心态上是希望维系不平等体系的，而这种心态是有力量的，所以我们不能轻视它。

以宗教之名

1959 年，美国的一位法官对禁止白人同有色人种结婚的法律公开表示赞同。他说：

全能的上帝创造了白种人、黑种人、黄种人、马来人、红种人，并让他们生活在不同的大陆之上。如果不想阻碍上帝的安排，就没有理由跨种族通婚。上帝既将人类以人种区分，就说明上帝无意让不同种族的人通婚。[24]

黑人女性米尔德里德·洛文（Mildred Loving）与白人男性理查德·洛文（Richard Loving）是一对夫妻，由这对夫妇提起的"洛文夫妇诉弗吉尼亚州政府案"（Loving v. Virginia），其一审判决内容十分有名。以二人结婚为由，法院判决其入狱 1 年，又以他们 25 年内不得返回弗吉尼亚州为条件，缓期 25 年执行。该案件递交至联邦法院，1967 年美国联邦法院认定禁止跨种族通婚的法律违宪。[25]

种族隔离的背后有着宗教的因素。人种的不同既为上帝之作，定是上帝之安排，通婚自不可被容许。基督教教义认为这有悖上帝的创造，是"非自然"的婚姻，婚姻双方将会给后代带来灾祸。[26] 甚至那些反对种族歧视的人也被认为不该结婚。[27]

有些歧视就是宗教导致的。有些宗教的教义认为种族歧视和性别歧视理所应当。于是，歧视并非不得已而为之，而是定要为之。在这些教义中，歧视行为并非恶事，因为这正是神圣的秩序。但在不同的时代，不同的地区，其教义也会发生变化。就像是今天美国的基督教，也不再支持种族歧视了。

近来韩国社会也有类似的问题，同性恋及同性婚姻就是其中一个被热议的话题。同性恋在《圣经》中属于"罪行"，同性婚姻也有悖"主的旨意"。即便在"我们也是爱同性恋者的"这个更为温和的表达之中，也暗含着"我们要治愈同性恋并帮其改邪归正"之意。从这个观点看，他们很难接受性取向（sexual orientation）和性别认同（gender identity）的多样性，更不可能接受"尊重天性"的原则。

当宗教信仰和反歧视原则相冲突时，我们要如何选择呢？纵观种族歧视的历史、性别歧视的历史和性少数者歧视的历史，这个问题周而复始，未来也可能不会停止。宗教僵化的等级制度和排他性原则一直与反对歧视、尊重多样性的人权原则相冲突。

但回顾历史不难发现，宗教理念并非始终歧视少数派。基督教徒在废除奴隶制的过程中同样发挥了重要的作用。美国天主教会曾向大法院提出倡议支持跨种族通婚。[28] 韩国的佛教团体也曾举办活动反对歧视性少数群体。济贫扶弱、共担苦辛是很多宗教共同坚持的传统价值。宗教既能引发战争，又能创造和平，它对人们的生活有着莫大的影响。

历史让我们认识到，对不同宗教和信仰的包容与宽容才是和平共存的基础。现代民主社会的原则是：无论哪个宗教成为主流，任何人都不能以宗教之名歧视他人，也不能以个别宗教的信仰体系左右整个国家。《韩国宪法》第11条（平等·反歧视）和第20条（宗教自由·政教分离）也阐明了同样的原则。[29]以宗教信仰为由敌视他人、憎恶他人、排斥他人的思想是背离民主社会基本原则的。至少，在我们的社会里，宗教信仰不应损害他人的自由与尊严。

没有多元主义的多元文化

"面了很多地方都被拒了。"

"日托中心的韩国家长们不喜欢外国孩子入园，也被拒绝了。"

以上内容出自京畿道外国人人权援助中心编写的《2017京畿道外国儿童基本权利现状监测报告》。[30] 这些都是外国儿童在日托中心或幼儿园被拒绝入园的案例。"我们这儿不收非洲孩子""担心肤色不同适应起来有难度""保育费用很贵的"等都是拒绝外国儿童入园的理由。韩国家长不喜欢，也有可能被其他孩子歧视，所以园方将外国儿童拒之门外。嘴上说是替他们着想，理由倒是冠冕堂皇，结果无非就是拒绝他们入园。

这也不一定就是国籍的问题。还记得此前提到的 P 女士吗？就像她在桑拿房的经历一样，被拒绝的理由就是因为一张外国人的面孔。所以就算生在韩国、长在韩国、拿着韩国国籍，也一样会被看成外国人。就算外貌看不出区别，父母中有一方是移民者，也会被当成外国人。无论是来自别的国家，还是被当成外国人，问题的核心在于：韩国人定义中的韩国人，有的人被包含在内，有的人被排挤在外。

"韩国人"这一概念本身就是模糊的。有的人已经移民到了其他国家，取得其他国家的国籍，但仍被看作韩国人；而如前文所示，有的人出生在韩国，持韩国国籍，却不被当成韩国人来对待。重点在于划定这一界限的权力在谁的手上，在这片土地上是谁在以主人的姿态行使接纳和拒绝他人的权力。

"韩国人"不喜欢"外国人"，这种看似微小的情绪在桑拿房、餐厅以及托儿所、幼儿园等的拒客行为中得到了体现。显然，只要这种情绪持续下去，类似的行为就不会停止。这是在校园、职场、公共交通及文化公共空间等场所可能发生的事情。据说有些地区已经开始了种族隔离。有人在担心，韩国的家长可能不会让自己的子女就读那些有大量外来移民子女，也就是所谓"多元文化家庭子女"的学校，这就可能自然而然地形成隔离。

其中，"多元文化家庭子女"这个词就充分体现了一种扭曲的韩国面貌。所谓多文化，源自多元文化主义（multiculturalism）思想，该思想强调多元文化之间的相互尊重、共存。多元文化的前提就是尊重各自本质（identity）的平等关系。[31] 将某一种文化置于优势位置，或是单方面划定一条界线进行排斥的行为是与之不符的。但在韩国，"多元文化"这个词却成了对一些人的指称，用来区分那些不够"正宗"的韩国人。

这种思维的前提是韩国文化不属于多元文化范畴，这也正反映了"韩国中心论"的矛盾认知。尽管如此，人们还是误以为自己使用"多元文化"这个词就是在平等地尊重多元文化。人们还没有来得及认真思考多元文化主义的含义，这个词就已经被污染了，其本来含义也就再难为人所知了。这也是我作为一个"多元文化学科"专业人士的遗憾。

但显而易见的是，有时候史上最美好的词也会被用来伤害他人，也会被赋予残忍的含义。"多元文化"，对有的人而言就是烙印、就是歧视、就是排挤。正如一位中学生所说：

"下课后，老师曾经对我喊：'多元文化，你留一下！'我也是有名字的，可偏偏叫我'多元文化'。老师的口气就像我犯了什么错误似的，我真的很伤心。"[32]

我们来回顾一下本章开头大法官阿瑟·戈德堡的话。"歧视，并不只是纸币、硬币、汉堡、电影的问题这么简单。而是人因人种和肤色不被认同为共同体的一员之时，内心感受到侮蔑、挫折与羞耻的问题。"没错，这就是一个关乎人类尊严的问题。

第七章　眼不见就行

酷儿的位置

它本该是个"节日"的。

然而，有多少人参加节日庆典，就有多少人出来阻止活动的进行。手里举着"同性恋有罪""禁止同性恋独裁""因为爱，所以反对"这样标语的一千多人开始对这个节日进行阻挠。他们扎爆行进车辆的轮胎，跳上花车推推搡搡，抢夺并撕碎彩虹旗。他们对参加庆祝的人破口大骂，掀翻轮椅，挥舞拳头，行径残暴。[1]这，就是2018年9月在仁川第一次举办的酷儿文化节。

虽事发突然，但也在意料之内。组委会刚提出集会申请，想要在仁川东站北广场举办酷儿文化节，反对者们就开始集结，也申请在附近举办反同志集会。[2]首尔、大邱等其他地区也多次出现类似情况。酷儿文化节的时间场所一旦确定，同一天同一时间，反同志集会就一定会出现在他们的对面。集会的目的就是捣乱。

也有很多时候酷儿文化节从申请阶段就未能获批。釜山海云台区的区政府就曾在 2018 年 10 月拒绝了釜山酷儿文化节使用龟南路广场的申请。理由是恐将给居民生活带来不便，引发不满。[3]2017 年，济州道济州市政府也没有批准在新山公园举办酷儿文化节，最终通过法律诉讼，场地的使用才得以获准。[4]酷儿文化节的举办之所以一波三折，就是因为总有人在极力反对酷儿文化节。

这种情况一而再再而三出现，也许就见怪不怪了，但稍微换一个思路，也许又会觉得这都是个案。想想初高中或者大学校园里的文化节。你可能不喜欢学校文化节某个环节，你也可能就不喜欢学校办文化节这事儿，但你不太可能专门筹划一番，然后特意跑过去捣乱，最多就是不参加罢了。

你很难相信有人会为了阻挠节日庆典的开办，专程赴文化节现场挥动拳头撒泼骂人，因为一般这样的情况在事态恶化之前就能得到解决。主办方会直接把这些不讲理的闹事者驱逐出去，警察也会全力协助。也不会有人称之为"冲突"，因为这就是单方面发起的捣乱行为，应该被称为"犯罪"。这种行为会被民众所指责。这是我们熟悉的反应。

但如果这个活动是酷儿文化节，那就不太一样了。人们不去指责捣乱闹事者，反而指责活动举办者。人们还要问："非得在人多的地方搞这种事情吗？"我是能接受性少数者，但找个看不见的地方办了不就得了，干吗非得在广场上呢？一群怪胎穿着奇装异服，"非得"让别人看到才行？换而言之，人们觉得文化节选错了地方。也就是说，"正常人"来来往往的广场、公园、大街，不是"酷儿"们的地方。那么，酷儿的地方在哪里呢？

进入公共空间的资格

希腊城市广场——阿果拉（agora）是西方最早记载的公共空间。[5] 阿果拉是实现民主主义人人平等的空间。但只有成年男性才有进入阿果拉的资格。女性、儿童和老人是被排除在外的。也就是说，阿果拉是一个以"不平等"为前提的平等空间。[6] 汉娜·阿伦特（Hannah Arendt）说，阿果拉这一公共空间中的政治平等是以私人领域中严格的等级与支配为前提的。[7] 要在阿果拉中享有自由，就要牺牲家庭这一私人领域。[8]

只有当所有人都可以进入阿果拉的时候，现代社会所追求的"人人"平等才能真正实现。但是现实情况是这样的吗？今天，谁有资格进入阿果拉，而谁又被要求留在私人领域之中？性别、残疾、年龄、性取向、性别认同、国籍、民族等个人特性都成了能否进入阿果拉的参考指标。在一个不平等的社会，就是这些指标在决定着你能否进入阿果拉。有人就是因为这些指标而被阿果拉拒之门外，并被遣回到私人领域之中。

在公共空间之内我们是看不到被拒之人的。"无法被看见"就是可以将一个人变成少数派的众多特性中的一个。所谓"少数"，并不只是数字上的多少。比如女性，从数字上看就并不少，但在公共的领域之内，他们就是那些"无法被看见"的人。

无法被看见的理由可能有很多。首先，他们可能根本不存在。而不存在的原因也能有很多种。或者是压根就没来到这个世上，或者是被拒之门外，或者是被驱赶，抑或是被以极端手段剥夺了生命。虽然听起来有些恐怖，但无论是历史上还是今天，这种事一直都在发生。在重男轻女现象极其严重的时代，很多女性胎儿还没出生就通过人工流产被打掉了。纳粹为了"净化"血统，培养德国人的民族优越感，或流放或杀害了大量的犹太人、吉卜赛人和同性恋者。当济州的也门难民成为社会议题之时，韩国就停止了也门人免签入境济州的待遇，让也门人不能再入境韩国。

隔离，可以让我们看不见一些人。为迎接 1986 年亚运会和 1988 年奥运会，韩国当时也开展了热火朝天的市容市貌美化活动。为迎接外国客人，同时也为了宣传韩国的经济发展，相关部门开始强制收容所谓的"流浪者"。1987 年，全韩国 36 家救济站共收容了 16125 人。[9] 严重侵犯人权的"兄弟福利院"[10] 等当时的救济站，其设立的目的就是不让人看到这些"穷脏货"。

我们想一想街头的少年。他们就算只是站着，经过的人也会多看他们一眼。成年人经常会说他们在街上看到一群群穿着校服的孩子就绕着走。青少年站在街头就很稀罕。他们应该要么在家，要么在学校，公共空间没有他们的位置。况且如果青少年像成年人那样在公共空间内吸烟的话就会被认为是在挑战成年人主宰的街头秩序。因此成年人常会规范青少年的行为，并以治安管理者身份自居。

其实我们在大街上经常会使用视线去警告一些人。回想一下，我们走在大街上，视线会停在谁的身上呢？手拉手的两个男人，穿着暴露的女人，腌臜的路人，等等，你的视线是不是也曾不自主地飘到他们身上过？虽说大街应该是所有人的空间，但这个空间对每个人的容忍度是不同的。大街上也有规范行人行为的规则和监督体系。

也就是说，虽然大街看起来像是一个中立的空间，但其实也存在着某种支配它的权力。[11]路人甲乙丙丁都在不约而同地管束着那些与公共空间不协调的存在，或通过眼神，或通过言行，或直接上手捣乱，或通过法律手段。[12]他们会驱赶或教化那些没有入场资格却闯入公共空间的人、不顺从街头秩序的人。由于这样的视线不易被察觉却又普遍存在，所以作为"罕见存在"的少数派在日常生活中一直感受到这样的眼神和"监视"，这种压迫悄悄地改变着他们的生活，让他们的生活更加焦虑。

所以有时少数派会选择隐藏自己。这也是有时候他们无法被看见的另一个理由。并不是人人如此，但隐藏自己的人确实存在。为了免受种族歧视，有的混血人会让自己的行为举止表现得像个纯"白人"。为了不被打上烙印，他们决定让自己表现得和"正常人"、社会的"主流"一样。欧文·戈夫曼（Erving Goffman）就将这种情况称为"装"（passing）[13]。

很多性少数者会"装"。如果他们不主动表明身份，别人就很难知道他们是性少数者。然而对他们而言，主动"出柜"（coming out）也不太舒服。因为这种行为等同于将真实的自己暴露于社会的烙印与歧视之中。于是他们视自己的性取向和性别认同为深度的个人隐私，基本没有什么理由向众人公开。

从这个角度看，性别、年龄、人种、残疾、经济水平等也没什么不一样的，人的这些特性也都属于深度的个人隐私。现实中大部分在公开场合出现的歧视都是针对个人隐私的。但"为什么要在公共领域展现出私人的特性？"这类问题就有点像贼喊捉贼了。因为实际上人接受了某些私人特性（比如，男性、成人、异性恋），同时又以同样的理由拒绝了某些私人特性（比如，女性、儿童、同性恋）。

细想起来，"干吗非得在公共场所举办这种活动呢？"这个疑问背后的含义是"公共的场所是不会接受你私人的特性的"。"干吗非得搞个节日？""干吗非得出柜？"这些针对性少数者的问题是有前提的，即以"性少数者"的身份是不能进入阿果拉的。于是便要求他们必须守在自己的私人领域之内，不能出现在公共空间。

反过来这也就说明了"性少数群体"为什么要办活动，为什么要出柜。对"无法被看见"的性少数者而言，办活动和出柜就是为了让自己成为"可以被看见"的存在，就是为了进入平等的世界，参与民主的讨论，而将烙印在自己身上的私人特性的标签展露在公共空间里。

我们换个方式来问这个问题。哪些私人特性是公共场所所接受的呢？谁才是公共空间的主人？是谁在决定哪些人有进入公共空间的资格？

厌恶的权利

简而言之，反对性少数者办活动的理由就是厌恶，讨厌性少数人群聚在广场上，不想看他们欢天喜地过节的样子，看一眼都觉得心里不痛快。人们总说，自己有讨厌别人的自由，一个社会如果连个人情绪都干涉，就太过分了。所以很多人认为自己可以说出内心的厌恶。文在寅总统在还是候选人的时候曾在电视谈话栏目中说过这样的话：

"我不喜欢（同性恋）。"[14]

同时他也说这与反歧视不相干。他口中的"不喜欢"要如何去理解呢？由此，性少数群体感觉自己受到了极大的侮辱，十分愤慨。但也有人说，"不喜欢同性恋只是个人的好恶而已，有何不可"，总统候选人也是人，当然也可以讨厌别人。然而，真的任何人在任何地方都要尊重这种"不喜欢"的情绪吗？

事实上，并不是任何人在任何地方都可以直接表达自己的"不喜欢"的。在生活中，我们每个人都经历过由于自己所处的位置或地位，而不能表达"不喜欢"的情况。直接表达自己的不喜欢，就是一种权利。这种权利用得得当，就会很有意义。普通人是否可以对当权者表达厌恶，对于公民权利来说是一个十分重要的问题。当女性可以对男性表达厌恶时，当属下可以对上司表达厌恶时，既存的权利关系就会发生变化。

但如果是有权之人在表达厌恶，那就不同了。当老板说不喜欢一个员工时，当老师说不喜欢一个学生时，就不单单是个人的喜好了，也不是权利关系的变化。因为这就是权力本身。无数的歧视就是始于厌恶，这种厌恶可能会成为剥夺某些人机会与资源的权力。当主流人群讨厌某些人时，他们就会筛出最"各色"的那些人，开动全面监视系统，统治公共空间。

所以异性恋者说不喜欢同性恋，与同性恋者说不喜欢异性恋，是不一样的。同理，非残疾人说不喜欢残疾人，和残疾人说不喜欢非残疾人，是不一样的。韩国人说不喜欢难民，和难民说不喜欢韩国人，自然也是不一样的。问题不在于这些话本身，而在于说这些话的主体，因为他们之间的权利关系决定了这些话的意义与结果。

萨拉·艾哈迈德（Sara Ahmed）说，情绪并不仅仅是心理倾向，而是投入社会规范中的某种资本。[15]如果投资负面的社会情绪，结果就不会好。厌恶会带动情感经济（affective economy）循环，催生不正义。[16]而厌恶带来的不正义又往往带有暴力色彩。仁川酷儿文化节反对者的行为并没有止步于语言，他们损毁车辆，对参加者推推搡搡、拳打脚踢，还抢夺损毁旗帜，这都是犯罪行为。

这就是"仇恨犯罪"（hate crime），换句话说，就是偏见驱动的犯罪（bias-motivated crime）。[17]2016年5月17日，首尔地铁江南站10号出口附近的商场洗手间里发生了一起凶杀案，这起案件也是偏见驱动的犯罪。罪犯说："平常女人都看不起我，我就杀了人。"[18]罪犯自述杀人的动机就是对女性的厌恶与憎恨，也仅仅因为对方是女性就下了杀手。

仇恨犯罪的隐患也制约着受害者。比如，因为仇恨犯罪的对象可能是女性，于是女性就被要求穿衣服要严实，晚上不要上街。仁川酷儿文化节举办之前，仁川东区相关部门也曾出于安全考虑没有批准广场的使用。如果想使用广场，主办方就要增加300名安保人员和100个停车位。[19]

俄罗斯性少数者的彩虹大游行（Pride March）也发生过类似的事情。莫斯科市从2006年开始就禁止了这个活动的举办。据说是为了维护公共秩序，防止发生骚乱。理由并不是彩虹大游行本身会影响秩序、产生骚乱，而是该活动的反对者甚多，其中甚至还有人扬言会对性少数者施行暴力。[20] 因为反对者会扰乱秩序，引发骚乱，于是便禁止性少数者在街上游行。

因为"受害人出现在公共空间，所以发生了犯罪"，这就是把犯罪的原因和责任都一股脑推给容易受害的群体，即少数派的典型话术。最终国家的解决方案就是不让少数者出现在公共空间之内。这样的决定就是在顺从那些意欲犯罪的人。

欧洲人权法院未能同意这种排挤少数人士的逻辑。2010年的"阿列克谢耶夫诉俄罗斯政府案"（Alekseyev v. Russia）的判决中，欧洲人权法院强调民主社会的核心是"多元主义、宽容与包容"，同时做出如下表述：[21]

该案中俄当局对（向性少数者游行活动参加者）施暴的神职人员毫无作为，却禁止了他们意欲攻击的游行活动。当局政府竟基于施暴者这种赤裸裸的违法行为禁止了游行活动，结果是那些故意且明显地违反法律与公共秩序、破坏和平集会的个人与团体得到了当局的认可。……

假如只有在多数人接受的情况下，才能容许少数人行使《欧洲人权公约》上的权利，这本身就是违背公约价值观的。如果真的如此，少数群体的宗教自由、表达与集会自由的权利就不是公约所要求的实质上的有效的权利，而仅仅是理论上的权利。[22]

掌权者，或者说是多数派手上有着排斥"不喜欢"的人群的力量，通过在公共场合公开表达厌恶，就会把某一群人定性成可以被厌恶的人群。所以欧洲人权法院强调"民主主义不是单纯地让多数人的观点随时占据主导地位，而是要避免支配地位的滥用，为了保障少数派公正合理的待遇，需要保持平衡"。[23]俄罗斯莫斯科市政当局不应该禁止性少数者的游行，而是应该保护他们安全地行使权利。

在文在寅作为总统候选人作出"不喜欢同性恋""反对同性恋"发言后的第二天，性少数者活动人士们走到他面前呐喊：

"您反对我的存在吗？"[24]

受多数人支持的有影响力的掌权者在电视节目中公开表达不喜欢某少数群体，这并不仅仅是在表达自己的个人偏好，而是在暗示要将少数派逐出公共空间。他所说的"反歧视"只是将同性恋者逐出阿果拉后的平等而已。而性少数者在示威中的那句"您反对我的存在吗"，正是那些被驱赶之人的呐喊。

领土的伦理

每个人的正义都有各自所能触达的范围，即正义范围（scope of justice）。[25]看似每个人都在追求正义，但实际上每个人心中正义的领地都是有边界的，会认为在边界内的人应该被尊重，应该被公平地对待。但是那些边界之外的人，就会被当成敌人，或者被非人格化，即使受到残忍的对待也无关紧要。这些人存在于正义掌管的道德世界之外。[26]

莫顿·多伊奇（Morton Deutsch）解释道：正义范围的形成取决于自己所属的"道德共同体"的边界。[27]每个人心理边界不同，态度自然也不同：边界内的人理应享有权利，但"外人"没有资格享有同等权利。援引苏珊·奥博托（Susan Opotow）的话说：当意识到某个人或某个群体存在于道德价值、规则、公正性等都不相同的外部世界时，道德排斥（moral exclusion）就产生了。[28]

通过这种心理作用，人们会陷入矛盾的境地，把不平等的情况视为平等。就像希腊城邦一样，在排除了某些人的状态之下，每个人都会陷入"人人"平等的错觉中。韩国社会对所有人都公平吗？回答"是"的人很有可能就是代表了那些已经进入阿果拉的大部分人的立场。他们完全看不到阿果拉外面的人，或者就是主动选择视而不见。

希腊城邦时代以及后世相当长的时间内，"不可见性"（invisibility）的最典型代表就是奴隶。奴隶存在的理由仅仅就是因为有人需要劳动力。但是没有人知道这些奴隶的名字，没有人记得住他们的模样，他们只是物理性地存在于世上，没有和他人同等的权利，也不会被接纳成为一般的社会成员，他们的存在，就像是透明人。[29]借用阿伦特的话：奴隶的存在就是出于劳动的必要性，他们"存在于人类的范畴内"，但却没有身为人的权利，他们被"驱逐出了人类世界"。[30]

奴隶的地位并不源于他们的称呼。奴隶，指的就是没有作为人的权利，只被要求劳动的状态。他们存在于人类的范畴之内，却和"主人"不平等，被剥夺了政治权利，也不能要求任何权利，为"主人"提供他们所需的劳动力，却终要消失无影。如果说这样的人存在于现代社会，那么无论给他们冠以何种称谓，他们终究都还是"奴隶"。这种"现代版的奴隶"又是以何模样存在于我们身边的呢？我们可以认为奴隶早已不复存在了吗？

很多外籍劳工都将韩国的雇佣许可制度称为"当代奴隶制"。这个观点乍一听是很偏激。因为如若此话为实，韩国人就成了恶人。韩国人很难想象自己成了使唤奴隶的万恶的农场主。所以很多人无法进行冷静判断，在搞清事情原委之前就急着否定。而且雇佣许可制度还是政府行为，初衷是为了保护劳动者的权利，代替原先的产业研修生制度。

雇佣许可制度就是允许企业雇佣外国人来从事韩国人不愿从事的岗位的制度。原则上讲，外籍劳工工作满三年就要回国，但如果雇主有需要，可以申请延长工作时间。[31]外籍劳工不得随意离开雇主，仅在法规限定的几种情形，比如雇主解除劳动合同、停业、倒闭、雇主过失等从雇主角度来说无法继续经营的情况之下，才可更换工作。[32]

　　若此制度理解起来稍感晦涩，可把上一段落中的"雇主"改为近义词"主人"，再读读看。或许情况会有所不同。雇佣许可制度，与其说是给了外籍劳工工作的机会，不如说是给了主人带外国劳动力入境的权利。外籍劳工专属于雇佣了自己的主人，不能随意离开主人。能在韩国待多长时间，也是由主人决定的。如果未经许可就擅自离开主人，就会被当成罪犯驱逐出境。就像这样，某种雇佣关系只为雇主而设计，只由雇主所决定，我们还好意思说奴隶制早已消亡了吗？

　　要实现民主主义，最基本的前提就是将所有的社会成员置于平等的关系之中，并让他们可以在同等的立场之上进行对话。只因为国籍不同，我们就可以抹掉他人的存在吗？我们要认真思考如何与他们共享同一个空间、如何共同生活下去的伦理。[33] 只有这样，我们才可能实现真正的民主，一种与希腊城邦式的民主，即以暗藏的不平等为前提之平等，完全不同的民主。

第三部分
应对歧视的姿态

第八章　历经百般恐惧方得真正平等

所谓秩序

回想一下 2016 年冬天韩国的烛光集会① 吧。参加者阻挡各个方向的道路长达几个小时，聚在路中央放声歌唱。人虽然很多，但并没有因为集会而感到不方便，反而感到的是喜悦。

2018 年 6 月的某个星期四上午 10 点，一项示威活动在首尔地铁 1 号线展开。8 个月前的 2017 年 10 月，一名残疾人乘轮椅在地铁新吉站使用楼梯旁的残疾人设施时坠落身亡。由此，首尔残疾人反歧视联盟举行了示威活动，要求保障残疾人出行的权利。示威活动当天，从新吉站到市政厅站之间，每一站都有乘坐轮椅的残疾人反复上下。当时地铁通过 6 站用了 1 小时 40 分钟，是平时所需时间的 5 倍还多。很多市民进行了激烈抗议。

---

① 2016 年冬季，因"总统亲信干政"事件，韩国民众多次举行烛光集会，要求时任总统立即下台。

"怎么能把市民当人质呢？"

"都挺忙的，你们添什么乱啊？"

"滚！你个××！你来这儿闹什么！"[1]

虽然也有人在关心示威的缘由，但更多的人还是指指点点、骂骂咧咧，眼里充满了指责。

也许有人心里会想，这样的示威活动是不会有什么效果的。广大市民对这种示威活动的反应十分冷淡。历史上的有些民主进程确实是通过示威实现的，但与之不同的是很多普通市民都不太能接受妨碍自己的日常生活的集会，认为这种集会是妨碍公共秩序的行为。

在很多情况下，公共秩序与人权之间存在某种紧张关系。宪法保障集会结社自由等基本权利，但也是有局限性的。韩国宪法第 37 条第 2 款写道："公民的一切自由与权利只有在保障国家安全、维持秩序及维护公共利益等必要情况下才会受到法律的限制。"但还规定"即便受到限制，自由与权利的本质内容也不会受到侵害"。

《世界人权宣言》也是一样。承认"全部人类成员的固有尊严及其平等且不可让渡的权利"，并罗列了所涉权利。但在此基础上也仍留有余地：为维护公共秩序，在有必要的情况下其权利也可被限制。《世界人权宣言》第 29 条第 2 款写道："每个人行使自己的权利和自由，只有在其目的是确保对他人权利和自由的承认和尊重，并满足民主社会对道德、公共秩序和普遍福利的正当需要时，才会受到法律规定的限制。"

"个人的基本权利可能出于公共秩序的原因而被限制"，这一简单的表述可能在某些时候产生强烈的效果。在极端的情况下，这句话可能就变成站在多数派的立场上否定少数派一切权利，压制他们一切活动的借口。如果"公共秩序"中的"公共"意味着大多数，那么情况就会如此。多数人认可的秩序才是公共秩序，于是为维护公共秩序可以限制少数人权利的万能逻辑就诞生了。

法律也许并不合理

遵守法律与秩序是公民的义务吗？一般而言，公民应当遵守法律和秩序。但也不尽然。因为不去遵守不合理的法律也是公民的责任。法律也有可能是不合理的，比如纳粹的反犹太人政策，比如南非的种族隔离政策等，都是在制造和执行不公平的社会秩序。历史上这种执行不正义法律的人被称为"战犯"，他们会被审判，得到惩罚。

韩国也经历过这种不正义的时代。最具代表性的就是维新时期的宪法及紧急措施，它废除了宪法所述的基本权利，导致了人民革命党事件①等一系列的大规模侵害人权事件。这都是披着法律外衣，有着维护国家安全和公共秩序之类看似正当的理由。但他们口中的安全与秩序却成了限制人权的万能借口，并让当权者可以依一己私欲进行统治。

1972 年韩国制定的维新宪法第 53 条第 1 款："当总统……判断国家安全及公共秩序受到或有可能受到重大威胁需要迅速采取措施时……总统可执行必要的紧急措施。"紧接着第 2 款规定："当总统认定第 1 款所述情形且有必要采取措施时，可采取暂时停止执行宪法中规定的公民自由及权利的紧急措施，必要时也可执行针对政府和法院权限的紧急措施。"

维新政府以该宪法条款为依据，采取了一系列紧急措施，禁止了一切反对政府的言论及活动。以反对或诽谤紧急措施为由，很多人在没有逮捕证的情况在遭到逮捕、拘留、关押、搜查，最终被判有罪，被囚禁，受害者人数高达 1260 人（4·9 统一和平财团推测）。² 维新宪法第 53 条及第 1、2、9 号紧急措施直到 2013 年才被宪法法院判定违宪，被害者才得以申请复审。

公共秩序、安全保障之类的话语表面上看是没有什么大问

---

① 人民革命党事件被认为是韩国司法史上最恶劣的"司法杀人"事件。1964 年 8 月，中央情报部揭发企图策划国家叛乱的大规模地下组织"人民革命党"，拘留 41 人，通缉 16 人。此为第一次人革党事件。1974 年 4 月大学生举行大型集会反对军事独裁，当时中央情报部调查全国民主青年学生联盟时声称人革党重建委员会是其幕后组织，再次抓捕第一次人革党事件涉案人员，并以违反《国家保安法》为由起诉了 23 人，其中 8 人被判死刑，另有 15 人被判无期徒刑或有期徒刑 15 年。法院判决仅过 18 小时，8 人就被执行。此为第二次人革党事件。

题，在现行韩国宪法中也是存在的。为了所有人的安全和秩序，有时个人需要让渡部分自己的权利，这本无可厚非。但维新时代的韩国国民要学习的道德规范是"为祖国和民族的无限荣光尽忠"，要"保全大家牺牲小我"。那是一个相信为了社会的秩序当然要牺牲自己权利的时代。

除此之外，人们倾向于顺应权威。1963 年史坦利·米尔格伦（Stanley Milgram）通过实验展示了一个事实：人们会服从权威，到甚至不惜伤害他人的地步。实验很简单。³ 实验观察了参加者到底可以对研究者的指令服从到什么程度。

实验要求参加者在答题者答错问题时对答题者进行电击。电压从 15 伏到 450 伏，均分成 30 个等级，每错一个问题强度就要升一级。65% 的参加者听从了研究人员的指示，一直加到 450 伏。即便被电击的答题者痛苦呼喊，只要研究人员说没关系请放心，参加者就会相信，并执行他们的指示。

顺应权威和固守现行秩序之间有着异曲同工之处。人们不太会脱离现存熟悉的秩序，也很难接受陌生的情况。也有研究显示，有顺应权威倾向的人也更容易"认为世界很危险""怀疑他人的动机，不愿接触和自己有太多不同的人"。⁴ 就是因为这种恐惧和担心，所以他们会反对变化。

直到 20 多年前，许多人反对同姓同本婚姻^① 的理由也是

---

① 即姓氏和籍贯都相同的人之间的婚姻。

担心社会秩序的崩塌。1958 年的韩国民法修正案与同时颁布的"同姓同本禁止结婚"规定，导致很多人不得不在无法申请结婚的情况下组建家庭，恋爱双方对此都持悲观态度，甚至有人因此自杀。直到 1997 年，这一制度被韩国宪法法院判定违宪后才得以失效。[5]

但当时的儒学界激烈反对废止这个制度。他们也有很多的理由，"同姓同本之人可以随意结婚，就是礼崩乐坏！""难道这是要丢掉民族的美风良俗而追求西方习惯吗？""若废止同姓同本禁婚规定，我们就都成了大逆不道之人！"等等。[6]在儒士们眼里，这是对重要秩序的破坏，这是对传统的背叛。而对这样的变化，有的儒士甚至扬言要自绝性命以护纲常。

2005 年，韩国宪法法院判定户主制度①不符合宪法规定，从此，基于父系血统的家族制度也逐渐消失了。但人们一直担心的社会混乱并没有发生，只是诞生了一种新的秩序。更多的人享受到了婚姻的自由和生活的幸福，这个世界也在平等的道路上又迈出了一步。

韩国宪法法院宣布户主制度违宪的同时，也论证了人们认为的"传统"，即既存秩序，很有可能就是个"陋习"：

---

① 户主制是以户主为中心，对家庭成员的出生、婚姻、死亡等身份变动进行登记的制度。在户主制下，男性是法定的家长，女性则是家长的附庸，如果男性家长亡故，任何女性家庭成员都不能继任家长。该制度在子女姓氏、财产继承方面，也多体现男尊女卑思想。

对于宪法中所说的"传统""传统文化",我们的解释与理解也必须与时俱进。毋庸置疑,宪法理念及宪法的价值秩序必须成为对其进行解释与理解的重要尺度之一,同时也应兼顾人类的共同价值、正义和人道主义精神等。……有些遗留的历史习惯,有悖于宪法精神,是宪法所打击的对象,也不属于宪法第 9 条规定的应得到继承与发展的传统文化。[7]

显然,现代社会所坚守的社会秩序并不是单纯地固守习俗及法律。就像宪法法院所说的,根据"宪法理念及宪法的价值秩序""人类的共同价值、正义和人道主义精神"等,有些秩序是有必要废止或者重新修正的。歧视也是应被废弃的一种秩序,不要以为挑战这些秩序就会导致社会混乱,要知道这都是为实现平等而做出的正当正义之举。

同姓同本禁婚的时代已经过去,而反对同性婚姻的人还是大有人在,他们认为"承认同性婚姻会毁掉家庭、危害社会、危亡国家"。但德国、美国、英国、法国、加拿大等超过 25 个国家与地区已经承认了同性婚姻,这些地方都没有出现上述情况。2001 年,荷兰成为最早承认同性婚姻的国家,此后每年都有 1200～1400 对同性恋人结婚。[8]荷兰不仅没有因此亡国,还与芬兰、挪威、丹麦、冰岛等其他承认同性婚姻的国家一起,成为世界上最幸福的国家之一。[9]

2014 年"韩国 LGBTI 群体社会需求调查"显示,参与调查的 937 名女同性恋者中有 55.5%，989 名男同性恋者中有 42.0% 正处于恋爱关系之中，其中与同性恋人同居的比例分别是女性 17.3%，男性 8.4%。而目前正处于同居状态的人中，过去或现在同居时间超过 5 年的占比分别是女性 28.4%，男性 36.9%。[10] 就像同姓同本婚姻一样，问题在于社会能否认可同性婚姻这一业已存在的关系。韩国社会究竟在怕什么？我们应该怎样克服对变化的恐惧，创造出推动社会向更加平等的方向前进的力量呢？

这个世界还不够正义

麦尔文·勒纳说：人们心中都有"公正世界假设"（just-world hypothesis），[11] 即相信世界是光明正大的，相信无论是谁只要付出就会有收获。如此相信的理由是只有这样相信了才能继续生活下去。只有相信世界是公平的，才能设定长期目标，才能计划未来的生活。就算只是为了维系平凡的日常，人也需要这种信仰。[12]

问题在于，人们有时即便亲眼见到了不正义的情况也不愿修正这一假设。[13] 他们不会改变"世界永远公平公正"的看法，反而会去"指责受害者"，并开始歪曲现实情况，认为问题不在社会，而在于那些身处不幸的受害者——因为他们具有某些不良特征，或者做了某些不妥的行为，才导致问题的发生。[14]

如此一来，悖论就产生了：相信自己生活在公正世界的人，反而不能创造公正的世界。

因此，那些相信世界是公平的，或者说希望相信世界是公平的人，是听不到那些"世界不公"的呐喊声的，他们反而将批判的矛头指向那些呐喊者，认为错在呐喊者。这种情况屡见不鲜。在排挤、霸凌、性暴力、家庭暴力等无数案例中，人们往往先去怀疑受害者。歧视也是如此。人们往往看不到歧视的不正当性，却总是找被歧视者的碴，责怪那些发声的少数人。如此这般，歧视长期存在，社会也不再变化。

有的人认为自己已经为少数群体，或是为社会正义做了很多，但他们一样存在错觉，同样会制造歧视。我们就用 2016 年 6 月的一个事件来作为本章的结尾吧。这是世界社会福祉大会上发生的事情。当时来自全世界的社会福利学者和活动家参与了这场规模盛大的活动。

活动在首尔 Coex 会议中心举办，根据活动规格，韩国保健福祉部部长也参加了开幕式并致辞。活动进行过程中，十几名残疾人活动人士发起了突袭示威活动，向保健福祉部部长大喊："废除残疾等级制度！"他们乘着轮椅就要冲上讲台。安保人员随即架起他们手脚，并把他们与轮椅分离开来，拖出了场外。[15]

恰巧那次活动的主题是"点亮人类的尊严与价值"。会场内坐满了以维护社会弱势群体、增进社会正义为目标（至少是希望如此）的社会福利领域的专家们。然而，社会活动人士被强行拖离现场后，活动照常进行了。席间目睹这一切的人会作何感想呢？看到现场的突袭示威活动，他们会认为错在谁呢？他们会想听听示威者的故事吗？一定会有人在心里责怪示威者们的抗议方式既不对也无效吧？

让这次活动发生重要变化的是前来参加活动的外国社会福利人士。看到残疾人被生生从轮椅上拖拽下来的场面后，他们开始询问事情的原委。残疾人活动人士告诉他们关于残疾等级制度和扶养义务制度①存在的问题，以及为了要求废除此类制度示威者们当时已经在光化门广场进行了 1408 天的静坐。挪威社会福利人士凯瑟琳表示，"对于示威者，哪怕是几个人，也应该给他们一些发言的时间"，并对主办方进行了批判。[16]

最终，世界社会福祉大会主席对暴力镇压示威者一事进行了公开道歉。残疾人活动人士也获得了在闭幕式上发表 10 分钟公开演讲的机会。在闭幕式上讲话的是朴京硕，他是废除残疾等级制度及扶养义务制度共同行动的代表人，他呼吁"为维护人类的尊严和价值，我们要行动起来。我们也希望社会福利人士能够一起行动，改变这个社会"。[17]

---

① 韩国扶养义务制度是指《国民基础生活保障法》规定的"直系亲属及配偶、共同生活的亲人之间有互相扶养的义务"。根据这一制度，祖父母、父母及子女、配偶等如果有一定的财产和收入，那么即使彼此之间并无实际往来，生活困难者也无法获得生计补贴等政府支援。

虽说人人都有表达的自由，但多数者和少数者的自由终究是不同的。就像约翰·斯图尔特·穆勒（John Stuart Mill）在《自由论》一书中所说的那样，多数派可以不停地攻击少数派的意见。[18] 相反，少数派在语言表达时则被要求要"精简到不自然的程度，要谨小慎微，尽量不要给对方造成任何不必要的刺激"。[19] 多数派不听少数派话语的同时，还要求他们好好说话，这就是在强制他们保持沉默。

有句话说得好，正义就是知道该批判的人是谁。[20] 意思就是要清楚地知道谁该变，什么该变。这个世界还不够正义，那些痛斥不正义的故事，我们要听一听。

第九章　所有人的平等

所有人的卫生间

电影《隐藏人物》(*Hidden Figures*, 2016)中出现过主人公凯瑟琳·约翰逊(塔拉吉·P. 汉森饰)淋雨跑进洗手间的场景。如果去黑人专用洗手间,就要先到户外,再进入另外一座建筑,中间距离八百米。20 世纪 60 年代初期,美国的洗手间不仅分男女,而且要分黑人专用和白人专用,所以至少要有四个洗手间。但电影中主人公工作的地方并没有备齐这四个洗手间,所以凯瑟琳要去允许自己用的洗手间就不得不跑到另外一个楼里去找。

卫生间是个很好的尺度,可以反映一个社会的平等程度。因为无论财富多寡地位高低,洗手间都是一个人作为人类所必需的空间。每个人每天都会去几次洗手间,所以看洗手间的设计与分配就可以了解一个社会如何对人作出区分,就可以看出谁是主流,谁在被排挤。

20 世纪 90 年代初期我还在读大学，当时我们系的教学楼里女洗手间是每隔一层才配备一个的，但男洗手间每层都有。万幸没有像凯瑟琳那样需要跑到别的楼里去上厕所，但还是要楼上楼下跑，仍旧不方便。当时觉得我们专业女生人数少，这可能也是不得已的做法。回想起来，女生人数少，所以需要的洗手间也少，这本身也反映出了空间使用的平等水平。

如果在人人平等的社会之中，洗手间会是什么样子的呢？洗手间如果方便使用，首先要满足几个条件。距离要够近，出入要方便，要可以如厕可以洗手，全过程须安全稳定，不能让人感到羞耻、不安、危险。如果要满足这些条件，让人人都可使用洗手间，我们需要几种洗手间呢？

今天我们熟知的洗手间有男用和女用两种。洗手间分男女的历史可以追溯到很久以前，具体由来至今仍有很大的争议。有些人认为最初是 18 世纪法国上流社会为彰显品位而设置的。[1]也有人主张是 19 世纪后期工业革命时代的工厂里产生的，当时依照传统的性别观念将工厂里工作的女性在空间上与男性进行隔离。[2]也有人认为是当年为保护女性免受性骚扰，通过法律将男女洗手间分开了。[3]

此后又出现了残疾人洗手间。一般的洗手间对于使用轮椅和行动不便的人不太合适，所以为了方便轮椅进出，做大了空间，为使用马桶时方便坐下起立还设置了安全扶手。为方便坐轮椅人士的使用，还对洗手台和镜子的高度进行了调整。手动推拉门也被换成了自动门，轮椅可更轻松地进出。残疾人洗手间也被做成了老人、婴儿及孕产妇可以使用的空间。

但最初的残疾人洗手间在很多地方都只设一个男女共用的，于是问题便产生了。男女共用的洗手间既不方便也不踏实，有人称"残疾人在社会上被看作无性别的"，并要求残疾人洗手间也要分性别。[4]女洗手间、男洗手间之外还有女残疾人洗手间和男残疾人洗手间，性别和残疾与否形成了交集，于是四个洗手间成为必要。

但问题并未止于此。因为有的人男女洗手间都不能用。比如跨性别女性，去女洗手间，会被当成男性，不安的女性会将其拒之门外；若进男洗手间，又因具有女性化的外表，恐遭性暴力。跨性别者和间性者的外表是偏离传统的性别认知的，所以二元化的洗手间设置对于他们来说既不安全也不方便。

那么现在洗手间要怎么设计呢？所有的洗手间都只分男女给跨性别者造成了痛苦。于是就需要不分性别的洗手间。但最近，女性却更加强烈地要求将男女洗手间进行分离。2016年江南地铁站附近的男女共用洗手间中发生过命案，在公共洗手间偷装摄像头的事件也屡次发生，女性对洗手间的恐惧也越来越大。在这些看起来互相矛盾的争辩声中，真的能够设计出对所有人都公平的洗手间吗？

包含多样性的普遍性

每个人都需要去洗手间。如果人人平等，那么人人都应该有自己可以使用的洗手间。但这种简单的人类的"普遍性"一旦遇到实际中人的"多样性"就会变得很复杂。我们是不是要得出"反正怎么做都不会让每个人都满意"这样的结论？我们是不是应该接受"纵然存在歧视，但彻底解决是不可能的"这样一种观念？平等，究竟要如何去实现？

对人类进行范畴划分就是洗手间争论的起点。有人主张消除范畴。例如，电影《隐藏人物》中，洗手间依人种范畴而划分就是不应该的，是要消除的。白人专用和有色人种专用，这样对洗手间进行区分显然是歧视行为，白人对黑人的排斥就是其目的。从根本上来说，人类可以以人种进行区分这一观念本身就是有问题的。

种族主义（racism）的含义在于相信或践行"人类可以从生物学的角度被分成多个人种，且这种分类可以带来身体、智力及道德上的优劣"这一理念。[5]但进入 20 世纪后，人们发现，决定人种划分的生物学因素并不存在，所谓人种，只是任意造出的社会建构（social construct）的产物而已。[6]自然也不存在人种之间身体、性格及道德品性上的差异，人种之间也不可能存在优劣。

那么性别呢？女性和男性之间确实存在身体差异，但非女即男、非男即女的性别二分法并不能囊括所有的人。有的人是通过性染色体、性荷尔蒙和性器官等都无法判断是男性还是女性的雌雄间性。[7]也有的人是出生时的性别和主观上自我认同的性别不一致的跨性别者。[8]这些人均不能完全属于性别二分法中的任何一个性别。

如果我们认同应该消除人种之类的区分，并相信性别二分法并不完善，那么彻底不作任何区分又会如何呢？如果歧视始于对人类进行区分的行为，那么我们可能会想到以消除所有区分为应对方案。但通过消除所有区分、分类，平等就真的能实现吗？人类既具有普遍性又具有多样性，这两种属性真的可以互相调和吗？

很多关于平等的争论中都包含普遍性和多样性的矛盾。其中最具代表性的就是政府实施的招聘盲选制，它就是在避免对应聘者实行某种特定方式的区分，从而追求普遍性。2017年《公共机关招聘盲选指导手册》中已经明确规定申请书及面试过程中将不再要求应聘者公开出生地、家庭关系、学历、外貌等内容。其目的在于阻止因此类信息导致"偏见介入并引起歧视"。[9]

通过出生地、家庭关系、学历、外貌等信息评价一个人是不合理的，这也正是招聘盲选制的出发点。和录用相关的合理标准应该是"能力"，为此考核者的偏见就被遮蔽了。这种"一视同仁"的形式平等（formal equality）旨在让同等水平的人获得同样的录用机会，让世界更加平等。[10]

对于平等的实现，这个方法效果如何呢？假如有一个人虽然能力出色但因为出生于地方而不得录用，那么对这个人而言，招聘盲选制就是实现平等的重要方法。但现实中这个方法会让地方出生者的录用概率提高多少呢？真的可以获得和其他人一样的录取率吗？虽然会有例外的情况，但总体而言这是很难达到的。其原因在于实现平等的先决条件是首先具备同等的"能力"，而想要具备同等的能力，地方出生本身就已经是一个不利条件了。

所以实质平等（substantive equality）的重要性就不言而喻了。虽然招聘盲选制是减少考官倾向性的一个重要方法，但不可否认的是只消除个人偏见并不足以消除歧视。若要从本质上实现平等，仅给所有人同等的待遇是不够的，还需要终结不平等的传统，制定再分配的政策，与针对少数者的偏见、烙印做斗争，制定兼顾个人多样性的政策等一系列其他的措施。[11]

我们再回头看看关于洗手间的争论。假如我们把洗手间的标识牌改成"所有人的洗手间"，让所有人都可以使用，情况会如何呢？因性别问题而深感苦恼的人群可能会稍微方便一些，但问题仍旧存在。换了标识牌也不会让残疾人的使用更加便利。一些现存洗手间是为男性设计的，就算是允许所有人使用，女性可用的洗手间数量也相对不足，女性对性犯罪的恐惧也不会得到解决。

所以我们需要一个既满足普遍性又满足多样性的方案。没有多样性的普遍性也只是幻象，很容易变成滥竽充数的把戏。只把标识牌换成"所有人的洗手间"也定有其局限性。要设计出真正对所有人都安全方便的洗手间，使用者的多样性就需要被考虑在内。洗手间的设计需要提前做好研究，需要找到"囊括"所有多样性的普遍性。

实验已经在全世界范围内展开了。欧美等国已经开始使用"全性别洗手间"（all-gender restroom）。跨性别者、外貌与一般性别规范不符、监护人和被监护人性别不同等情况下，洗手间使用的合理性、便捷性都有所提高。这就不仅仅是换个标识牌那么简单了。新的设计也开始涌现。以往洗手间隔间挡板的上部和下部是相通的，而新型的洗手间采用了类似于房间的设计，可以很好保护私密空间，洗手台也设置在隔间内，使用者可以各用各的，互不影响。[12]

2017 年我曾到访丹麦哥本哈根，当时哥本哈根大学等公共场所已经普及了"全性别洗手间"。韩国也能有这样的变化吗？真希望能出现优秀的创意，以保障女性、变性人、残疾人、老人、儿童等所有人都可以享有安全舒适地使用洗手间的权利。

围绕洗手间的歧视问题并不是简单的设施问题。"上厕所的时间都没有"，这样的情况多发生于零售业销售人员、汽车司机、医护工作者、接线话务员、物流司机等劳动者身上。[13]"所有人的洗手间"是践行平等观念的非常具体的人权项目。对于如何通过这一极具创意的项目来创造"包含多样性的普遍性",我们应该共商共议。

承认差异

就在不久以前,我们熟悉的平等的含义还是关于分配的。"不平等"主要指的是经济上的不平等,对于全社会共同创造的财富和资源进行再分配的理论和制度的发展,学者们是十分关注的。他们构建并发展社会保障制度,使人们得到基本的生活保障,享有基本的教育和医疗服务,且有尊严地活着。

但经济不平等也可能源自认为某个特定群体是劣等的文化规范。承认政治(politics of recognition)就是群体对抗这种不认可和漠视的平等主义运动。人们高喊着"我要被认可!"抵抗着社会的偏见和侮辱,并要求作为有尊严的人得到同等的待遇和尊重。今天的时代,一方面为实现资源的平等对物质分配有所要求,另一方面也对抽象的社会关系和文化变革有所要求。[14]

南希·弗雷泽(Nancy Fraser)说:"经济不正义和文化不正义就像鳞片一样,常相互交叠,一个可以辩证地强化另一个。"[15]遭社会漠视的人无法得到经济上的机会,结果是再次遭到漠视和排挤。弗雷泽是这样描述这种恶性循环的:

假如一个文化规范对某些事物抱有偏见，而该规范又在国家和经济秩序中被制度化了，与此同时，经济上的不利还妨碍了某些人同等地参与到公共领域和日常文化活动之中。其结果就是其文化上从属地位和经济上从属地位之间的恶性循环。[16]

具有讽刺意味的是，韩国意欲制定反歧视法，这一意图还成为将社会对性少数群体的不认同搬上台面讨论的导火索；而性少数群体也由此开展了承认政治或者说是认同政治（politics of identity）的活动。虽然性少数群体面临着堆积如山的与机会、资源相关的具体问题，如就业歧视、医疗权利、社会保障权利等，但这一切斗争的最前线都是性少数者对"真我"被认可的诉求，他们要求真实的自己被平等地对待。因为认同是一切的开端。

认同并不只是对人之普遍性的承认，也包含着对人之多样性，即差异性的承认。无视群体差异性的"中立"态度让针对某群体的排斥情绪得以延续。因为那些伪装成"中立"的立场只认同主流人群才是正常的，规定其他群体都是非正常的，这是一种压迫性的倾斜的标准。[17]艾利斯·马瑞思·杨（Iris Marion Young）所说的差异政治（politics of difference）就是为挑战这种"中立性"掩盖之下的排挤和压迫机制，不断强调"差异"。[18]

　　为了平等而强调差异，这句话乍听起来似乎是矛盾的。为了谈"同等"的平等而谈"差异"，这从形式平等的角度来看是无法理解的。一边呼吁不要差别对待女性，一边大谈女性的差异，制定女性政策，这看起来就是矛盾的。如果主张保障性少数者、移民者等特定人群的权利，就会被认为要求的不是平等，而是优待。

　　如果所有的区分都是任意且有偏见的，那么试问是不是消除区分才是正确的选择？虽然我们可以接受"黑人和白人无异"的观点，但"黑人的命也是命"（Black Lives Matter）这一口号给人给感觉像是在强化人种间的区别，像是一个极具排他性的口号。有人批判这一运动并提出了新的口号"所有人的生命都是命"（All Lives Matter）。这也清晰地表明有时"普遍性"可以用作掩盖歧视的机制。因为后一个口号在事实上淡化了黑人所经历的歧视。[19]

　　少数者之所以强调差异是要借此解放被压迫的状态，以能被看见的政治主体的身份发声并努力争取实实在在的平等。尽管如此，强调差异的方式还是存在风险，有可能会深化或维持现行歧视性的体制和烙印。比如残疾人政策可能成为完善社会结构的机会，并给残疾人提供一些资源，但同时也会给人带来一种残疾人是接受社会援助的低人一等的受益者的印象。似乎越是强调某个群体的差异，歧视也就越顽固，这种"差异的困境"，我们该如何解决呢？

艾利斯·马瑞思·杨关注到了"差异"这个词的使用环境。"不同"这个表达并非公平地用在每个人身上。只有那些被排挤被压迫的人才会被称为是"不同"的,主流群体都被认为是中立的。[20]"中立"人士的面前有多种可能性,但"不同"人士却只能面对有限的几种选择。[21]最终"不同"的意思不再是相对意义上的两者之间"互不相同",而是特指一个带有固定特征的群体。[22]于是"差异"就变成了烙印和压迫的机制。

就像是韩国社会中的"多元文化",其含义并不是指所有人来自多元的文化背景,而似乎只是在特指文化少数者(参见第六章)。这时的"差异"是以主流人群"韩国人"为基准点的,实际上含有偏离"正常"的意味。"不同不是错"这句口号常用来强调多样性。但这里的"不同"如果指的是"偏离"了主流标准的某个事物,那么它本身的前提就是"错误",这个形容也就是矛盾的。

艾利斯·马瑞思·杨表示有必要重新定义这个带有压迫色彩的"差异"。她认为,"不应该认定主流人群的立场是具有普遍性的,并把非主流人群定义为不同,而是从关系的角度理解差异,把差异的概念相对化"。[23]女性不同于男性,男性也不同于女性,残疾人不同于非残疾人,非残疾人也不同于残疾人。所以差异并非固定不变的,而是随着环境的变化而流动可变的。[24]坐轮椅的人也不是"永远"有差异的,虽然在运动竞技等情况下确有些差异,但在其他的时候差异已经不存在了。[25]

这个漫长的讨论最后得出了一个老生常谈却又十分困难的结论：我们所有人都既相同又不同。我们作为人是具有普遍性的，因为本就没有什么实质上的差异，但只要世界上还有歧视，差异就是真实存在的，我们就应该好好谈谈。

成为平等社会的公民

社会对歧视问题的关注越来越多，越来越多的人开始批评那些针对特定人群的贬损性言论。但与此同时也开始有人认为"政治正确"（political correctness）已经成为一种负担。

这个现象也充分说明了几个简单的表达和行为的消失并不能完全根治歧视的顽疾。正如本书前述内容所讨论的，在歧视已经被结构化的社会中，个人的歧视行为也多是发自习惯，多为无意识的表达。但究竟什么样的语言和行为属于歧视呢？可能语言和行为的发出者本身并无法意识到。有这样的认识局限，那么觉得言行得当是种负担也是自然的反应。

现在，如何解决这种心理负担可以在很大程度上影响情况的发展。是责备让你感到有负担的人，还是接受这是自己的责任，我们要作出选择。驳斥政治正确的那些人认为对歧视问题的讨论是偏激的，不妥的。所以以平等之名到来的变化总是让人心有不悦。那些追求真正平等而带来的变化真的比不平等的现实更让人有压力，更让人不舒服吗？换而言之，现在的不平等对我们来说是舒适的吗？

在不平等的社会中，地位不同的人，生活也大不相同。在这样的社会中，阶层的流动性会影响个人的满足感。就算社会不平等，但只要有可以向更高的地位跃升的"机会"，人们心里就是踏实的。但为获得想要的位置，一生所付出的辛劳是不可尽数的。"不想被人欺，就做人上人"，为了避免因地位低下而受到侮辱和蔑视，至少也要获得能得到他人认可的成功。

这就是不平等的社会给生活带来的困苦。我们要向上爬到哪里才能得到所有人的认可，才能让自己心安满足呢？但不幸的是升上一定位置的人获得了比他人更多的认可，同时也产生了蔑视他人的动机。有学识、有经验、以引领社会变化为己任的人成为促进社会平等最大的阻力。

况且性别、人种、民族、身体条件、性取向、性别认同等个人特征都是阻碍阶级跃升的条件，它们也成了巩固社会不平等的因素。为了弥补"短板"，又被要求培养更多更强的能力。因为是女人，因为是移民，因为是残疾人，因为是性少数者，所以就要比别人更努力。[26] 社会在称颂那些以不屈意志"克服"自身条件而取得成功的神话。

不平等的社会是令人疲惫的，因为它在不断怂恿人们以个人之力克服社会结构带来的问题，而且把"不平等"这一社会性不正义的责任推到被歧视者身上。[27] 所以生活是不安的。无论是病痛、失败还是其他的什么理由，人们都要不断提防自己被放到少数者的位置上。如果一不小心被放到了少数者的位置上，便会极力否认，忍受漫长的痛苦。

社会定下一套标准，而后将这套标准套用在所有人身上，这种同化主义倾向本质上就是对自由的侵犯和掠夺。[28] 在1859 年发表的《自由论》中，约翰·斯图尔特·穆勒就曾做过这样的警告：

> 我们的生活固化成某种形态后，只要你想颠覆，就是大不敬，就是不道德，你甚至成了反自然的怪物，你就要承受一切接踵而来的指责和攻击。因为人们在多样性的围墙之外哪怕生活一刻，也会瞬间忘记它的重要性。[29]（原文有删减）

就像穆勒担忧的那样，我们的生活已经几乎固化成了一种单一模式。但我们还是要做出选择。我们要继续辛苦维持不平等的社会吗？还是为创造平等的社会忍耐一些不适？这一选择的核心不是个人的辛劳与不便，而是我们共同的价值和取向，是关乎我们要创造一个什么样的社会的问题。我们是否真的要创造一个平等的社会，这个决定我们要想好。

有关歧视的紧张情绪，其中深藏着人们"我希望自己没有歧视别人"的欲望，或者说是希望。我们真的要决定的是：纵然如此，我们依然有直面社会不公与歧视的勇气吗？对歧视无论是敏感还是迟钝，我们都可以认清自己的位置，抱着怀疑的态度，重新审视习以为常的语言、行为和制度吗？当那些无意识的歧视被人指出来时，我们能否做到不去防御、否认，而是以谦虚的态度倾听和省察？

就像艾利斯·杨所说的那样，很多歧视和压抑都是由无意识和非故意的习惯、玩笑、情绪、词汇使用、固定观念等形成的，如果人们能意识到这一点，就不会轻易去指责别人了。杨还说过，"即便是无意识的、非故意的，人们和制度还是能够且应该对造成压迫的行动、行为、态度负责任"。[30] 这里的"责任"即对自己的"无意识行为进行反思，并改变习惯和态度"的责任。[31]

所以对于自己无意中作出的歧视行为，我们不应该用"我本无此意""我毫不知情""你太敏感了"之类的话去防御，而应该将其视为重新审视自己的机会。我们都处于不同的位置，通过互相倾诉自身所经历过的歧视、倾听彼此的感受，我们就可以感知到那些隐藏在角落里的歧视，可以感知到那些因太熟悉而看不见的不平等，才可以与其进行斗争。我们的一生不是"为不受歧视而努力"而应"为不歧视他人而努力"。

通过公民自发的努力，这一切变化是可以形成文化变革的。作为一个有创造平等社会责任的公民，其生活之法是在公民运动中习得的。但为了使平等的价值作为人类共同体的原则得到阐明，为了使新的秩序可以在社会各个角落生根发芽，我们仍旧需要法律和制度。我们需要日常的自省自查，也需要认真研讨关于实现平等的法律和制度。

这一切都是在平等的原则之上创造新秩序。人类也一直在创造和执行共同体的行动规则以此来构建保障个人自由与尊严的制度。正如我们断然不会接受侵犯他人尊严、破坏平等的暴力行为一样，对于歧视，我们也应该断然拒绝，我们约定共同制定、遵守拒绝歧视的规则并且应该这样去做。

谁可以参加追求平等的运动？我们不能指望所有人都能加入，因为这世界上就从没有过任何不经抵抗就取得进步的平等。但也有人不顾自己的身份、地位，站在正义的一方，主动向少数派伸出手。最终，我们每一个人都是少数派，我们秉承"越团结越强大"的精神不断改造了这个世界。[32] 你站在自己的位置上，又会作出什么样的选择呢？

第十章　关于"反歧视法"

所谓"反歧视法"

截至本书执笔之时，"反歧视法"还是个未完之法。"反歧视法"这一名称在韩国始于 2007 年。当时司法部制定的反歧视法总共 35 条，内容十分简单。[1]确立了禁止歧视的原则，确定了针对歧视的国家政策计划，细化了各领域的歧视问题，规定了歧视行为的受害者可以提起诉讼、修正歧视行为或获得赔偿。无论是这个法案还是此后几次类似的法案都未能最终成法。[2]推进反歧视法制定的运动目前还在进行中。

既然反歧视法尚未确立，是不是就可以"歧视"了呢？当然不是。韩国宪法第 11 条已经对歧视行为进行了禁止。国际人权公约也禁止了歧视行为，韩国是其缔约国，有遵守其规定的义务。[3]平等是全人类的基本权利，是民主社会的原则，"任何人都不受歧视"是现代社会的根本规范。

同时韩国还有《国家人权委员会法》。歧视行为的受害者可以向国家人权委员会陈情。国家人权委员会会对案件进行受理和调查，并对歧视与否进行判断，然后依规定向作出歧视行为的个人和机构发送"纠正建议"。做出歧视行为的个人和机构要尊重并努力履行国家人权委员会的建议。[4] 国家人权委员会是救助歧视受害者的重要国家机关。

宪法已经禁止了歧视，国家人权委员会也在发挥救助职能，那么我们为什么还需要反歧视法呢？我首先要说的是反歧视法自从首次提出至今已历经十余年，反歧视法的制定本身就象征着韩国社会废除歧视的意志。但在讨论反歧视法的象征意义之前我们先来看看它在法律层面的含义。

要实现宪法上的基本权利，法令是必不可少的。即便宪法31条已经保障了公民受教育的权利，也依旧需要具体的制度、机构、人员、流程、预算等来对权利落地进行保障。宪法第24条保障公民选举权，但并不意味着选举权会自动得到保障；宪法第33条保障公民劳动的权利，同样不意味着所有人都会自动自觉地保障劳动权利。

宪法第11条中关于平等和反歧视的权利也是如此。虽然第11条第1款就规定了"法律面前人人平等。无论性别、宗教和社会身份，所有人在政治、经济、社会、文化生活等所有领域都不受歧视"，但歧视并非因此就会消失。反歧视法的作用就在于为了实现宪法和国际人权法的原则以法律形式明确规定谁应该怎么做。

反歧视法主要从两个方面保障公民不受歧视的权利。一方面是要求国家研究保障该项权利的方法。要求中央政府、地方自治团体以及国家人权委员会等国家机关制定根除歧视的政策，改善相关法令和制度。

另一个方面是让歧视他人的人承担责任。要想不受歧视，首先要确保没有人去做歧视的行为。反歧视法要求歧视者终止歧视行为，这被称为"纠正措施"。现行法律中国家人权委员会只能"建议"停止歧视行为，但如果行为人以各种理由不遵守，也是无济于事。而反歧视法就不是建议了，是责令行为人做出纠正的措施，并规定了若行为人的恶意歧视造成损失，要追究其赔偿责任。如此一来，切实的救助就得以保障，人们也会在措施启动之前就尽力做到不去歧视他人。

但何为歧视，法律也不能逐一尽述。所谓歧视，就是不合理的优待、排挤、区别对待、隔离等对他人不利的行为，但诸如本书中所提到的案例也很难在法律中逐一进行规定。同样的行为放在不同的环境之中其含义也会不同，所以对歧视的判断也要结合具体情况考虑具体语境。问题在于是谁来做这个判断。反歧视法中的一条重要内容就是将进行这一判断的责任交给国家人权委员会或法院等独立机构，以便基于平等和反歧视的原则作出决定，免受个人利害关系的干扰。

法律很难做到检视监督我们的一切日常生活，当然这么做也并不可取。所以教育、就业、服务和财物使用等公共领域所发生的歧视问题才是法律限制的主要对象。如果有人故意歧视某些人或群体，或恶意煽动怂恿歧视行为，就有必要对其进行限制。而对于日常细微的歧视观点和行为而言，需要的不是规范限制，而是系统的教育。我们应该搭建一套制度体系，以此对整个社会进行检讨，改善结构化的歧视。

要创建人人不"受"歧视的社会方法可以有几百种，但反歧视法作为其中的方法之一，可以立竿见影地让我们互相不行歧视之举。这个方法显示了"我不参与歧视"的决心。但正如我们熟知的那样，对于这种决心，不加入甚至是反对的也大有人在。

有的人虽然认同歧视应该废除，但也会带着疑问：这是国家该出面的事儿吗？相反，这些人认为自发的文化进步可以给社会带来变化，并相信这种方式无关法律的制定，是美好而有意义的，是社会变化所必需的。但现实情况是歧视已经在社会中蔓延，如果没有法律规范，自发的变化很难发生。

迄今为止，反歧视法所遇到的多数挫折和阻力是因为一部分人对废除歧视持不认可的态度，并强烈反对反歧视法的制定。也就是说他们支持歧视。一直以来，一部分宗教保守派人士反对反歧视法的制定，其主要论点是"歧视性少数群体，纯属正常"。为了支撑这个论点，他们有组织且极具攻击性地宣传"同性恋有罪""同性恋是艾滋病的罪魁祸首""先辈血汗建立的国家毁在了同性恋手上"等认为性少数群体是社会罪恶的内容。

一些人和组织反对反歧视法的制定，其策略就是鼓吹歧视的正当性。对性少数群体的偏见与歧视越是得到巩固，反歧视法的制定就越会遭到反对，因此抵制反歧视法的最佳方法就是支持歧视，这一战略也的确效果显著。至少截至 2019 年执笔此文之时反歧视法仍未制定，而今的政府和国会能否制定反歧视法，看起来机会还很渺茫。

一个都不能少

曾有人小心翼翼地说："如果把关于性少数者的内容删掉，是不是就可以制定反歧视法了？"

这种意见的意思是因为歧视性少数者的人在激烈反对，所以反歧视法一直未能制定，那么不如去掉有"争议"的部分，至少先解决其他歧视的问题。正是出于规避"争议"的考虑，2007 年司法部提议的反歧视法案中就未涉及包括"性取向"在内的疾病史、祖籍国、语言、家庭形态及家庭状况、犯罪前科及处分、学历等方面的歧视。[5]

2007 年司法部首次提出的反歧视法案中所罗列的各类事由中，除语言这一项外，其余均已存在于《国家人权委员会法》之中。性取向、疾病史、祖籍国、家庭形态及家庭状况、犯罪前科及处分、学历等其他状况虽属于当时施行的《国家人权委员会法》所描述的歧视禁止事由，但司法部发起制定反歧视法时却将这些情形排除在外。作为现行规定，我们来看一下《国家人权委员会法》第 2 条第 3 款所列的歧视禁止事由。

性别、宗教、残疾与否、年龄、社会身份、出生地区（出生地、户口所在地、成年以前的主要居住地等）、祖籍国、民族、容貌等身体条件；已婚、未婚、分居、离异、丧偶、再婚、事实婚等婚姻状况；怀孕或生育、家庭形态或家庭状况、人种、肤色、思想和政治观点、犯罪前科、性取向、学历、疾病史等。

禁止的事由虽然看起来很多，但健康状况、职业、文化、语言、国籍、经济状况、遗传信息等方面一旦发现歧视，禁止的内容就还会增加。所以，常会有人问，是不是直接禁止"一切"歧视就好了。然而就像本书谈及的，普遍性使歧视很难被发觉，使歧视被掩藏（参考第九章）。在普遍地禁止一切歧视的同时，也很有必要明确这世界上到底存在着什么样的歧视。

针对某些特定领域的歧视，国家也专门制定了法令。2007年制定的《残疾人歧视禁止及权利救助法》就是在禁止针对残疾人的歧视，同时也涉及救助歧视受害者的内容。《两性平等基本法》是在解决因性别产生的歧视问题，也包括各种促进平等的国家政策等相关内容。这种单个法令的制定反映的是各种类型歧视的具体形态。

那么"剔除"特定的歧视事由又是什么意思呢？未能发现歧视而不包含，与从一开始就带有歧视的意图和目的而反对将其包含在内，是两种截然不同的情况。因为前者是遵循禁止一些歧视行为这一原则的，即便不是今天，未来发现后也会将某种歧视现象纳入禁止歧视的范围；而后者就是在破坏禁止一切歧视行为这一原则本身。

反歧视法的基本目的在于建立一个综合的体系来树立"禁止一切歧视"的原则和制度。若在制定反歧视法时剔除"性取向"这一项，不仅损毁了该法的立法初衷，还成为立法者有意而为的歧视行为。用这种方式出台的反歧视法就成了市民团体批判的"助歧视法"了。[6]

与反歧视法相关的这些"争辩"反而清晰地呈现了究竟是什么样的歧视需要禁止。如果人们"因为"性少数者而反对反歧视法，那就说明性少数者确实在遭受歧视，也就有必要禁止以性取向和性别认同为由的歧视。如果人们"因为"移民、穆斯林而反对反歧视法，就说明了确实存在出于人种、民族、肤色、祖籍国、宗教等原因的歧视，禁止这种歧视也就有了必要。

有人说因为没有达成"社会共识"所以反歧视法很难制定。[7]这里的社会共识至少可以理解为"多数人决定"。但从本质上讲，歧视就是在多数决定制的边界之上产生的，如果再想用多数决定制度来解决歧视问题，还有意义吗？（参考第八章)反歧视法真的可以没有任何争议地被制定出来吗？就像本书所说的，要想改变现有的不平等社会秩序，就不要期待没有"争议"。

当然，毕竟是一部法律，反歧视法的制定也同样需要很多人的同意。但这个争取同意的过程不能变成一场利害关系的竞争，不能变成多数者的胜利。这一问题不应以不同群体之间的共识为中心，而是应该始终控制在人权与正义的原则之内。我们所需要的同意事关创造平等的民主社会的基本原则，若是接受多数派歧视某一部分人的主张，那就是从根本上伤害民主，是绝对不应该的。

所以反歧视法的原则应该是"一个都不能少"（No One Left Behind）。在将"禁止歧视"这一宪法中的命令法制化的大讨论中，有人公然违背基本原则且有组织地进行歧视，接受这些人的主张本身就是一种错误。这就好比为杜绝腐败行为而制定法律时，想要维持腐败现状的人本身就是被处分的对象，自然不能让他们对议题的讨论发挥影响。因为我们不能听信他们的话语而坐视法律遭受折损。

反歧视法至今都未能成功制定的根本原因就在于政府和国会在听某些人的话，而这些人是维护歧视的，也正是反歧视法所要限制的对象。不是因为没有社会共识，而是本该遵守宪法原则的国家机关未能彻底履行其义务。结果就导致人们更加相信，越是参与歧视活动，越是能免除责任。就像如果所有人都加入腐败行列，社会的自我净化就不可能一样了，许多人也正在通过加入歧视他人来不断地蚕食社会共同体。

促进平等的积极措施

反歧视法是尚未完成的法律，所以最终内容会通过全社会的深度讨论来决定。如前文所述，"一视同仁"只是形式上的平等，是很基础的要求，但却不是最充分的解决方式。为实现实质上的平等，就一定要采取考虑现实存在的不平等条件和多样性的积极措施（affirmative action）。积极措施意味着为了实现平等，在某些情况下对遭受损失的人们实行特殊措施。[8]

所谓积极措施，指的不是为了不让歧视发生我们"不做"什么，而是"要做"些什么。因为积极措施会给特定人群带来一些好处，所以常被人称为"优待"措施，招致误会。但如果没有这样的措施就会产生不平等的状态，所以严格来讲不能叫优待。[9]

比如，为了保障残疾人享有平等的选举权，虽然在有的方面要"有所不为"，但在有的方面也要"有所为"。不把投票站设在需要攀登台阶才能出入的场地，就相当于"有所不为"，而"有所为"即为视力障碍人士准备盲文选举资料，为听觉障碍人士在选举相关的影像资料中加上字幕或手语翻译，为智力障碍人士制作易于理解的宣传资料。这样做确实需要一定的预算,但这些措施的目的不是优待,而是平等。

如果积极措施只让特定人群享有优待,那么反对之声就会更甚。如果这里的"优待"与金钱、就业、教育等其他人也希望得到的资源相关,则更会如此。比如,要求国会议员比例代表中女性议员的比例达到半数以上的女性配额制。[10] 由于它是对比例代表的限定性要求,有人提出了反对,虽然全体国会议员中女性的比例远没有达到一半,但反对者仍认为这样的比例对男性不利,是"逆向歧视"。[11]

这样的积极措施是因为形式上的平等并不能实现实质上的平等而被引入的。仅靠"人人都能做国会议员"的口号是不能让女性当上国会议员的。政治圈的现状是以男性为中心的,女性加入的机会很少,当权者不相信女性能当国会议员,所以直接把票投给男性。因此国家自然会进行干预,直到女性议员达到一定比例。同样,对于持续处于结构性劣势的群体,国家也常会介入干预,并提供特别援助。

企业和学校采取的多元化管理(diversity management)策略就带有积极欢迎少数群体的意味。比如关于性少数者,2017年《财富》(*Fortune*)杂志选定的 500 家企业中有 91% 已经明确表示了禁止性取向歧视,83% 的企业明确表示了禁止性别认同歧视。[12] 谷歌、苹果、盖璞、耐克、阿迪达斯不仅在内部禁止对性少数者的歧视,同时还在积极参与支持性少数者权利的社会活动。[13]

企业需要在种族、民族、性别、残疾、宗教、性取向、性别认同、祖籍国等方面多样化的人才，主要是出于两方面的考虑。首先是因为多元化经营对企业效益有直接帮助。有多元文化背景的人才加入一个企业，可以提高企业的创意能力，多样的员工可以敏感地感知到顾客的多样需求，无歧视的经营理念可以提高企业本身的社会美誉度，形成良性的发展循环。[14] 那么从企业的角度来讲，如果对企业效益没有直接帮助是不是就意味着可以废弃多元化经营的策略呢？

企业选择多元化经营策略的另一个原因是出于社会责任，是为了促进人权发展。今天的企业不仅是逐利的组织，作为社会成员之一，也是一个负有社会伦理责任的主体。2000年，世界各地众多企业选择的《联合国全球契约》(*UN Global Compact*) 就充分表达了这样的意志和目标。多家企业承诺，将会共同努力在企业运营过程中反映包括"消除就业和工作中的歧视"在内的人权、劳动、环境、反腐败等方面的十大原则。[15]

对于那些把平等想成零和游戏的人而言，这样的积极措施就等同于在抢夺他们自己的利益。（参考第一章）他们的思维方式是"你有所得必是我之所失，你有所失必为我之所得"。可如果女性的权利得到伸张，男性的权利就必受损失吗？学生的权利得到伸张，教授的权利就必受损失吗？性少数者的权利得到伸张，非性少数者的权利就必受损失吗？支援难民就一定会让国民蒙受损失吗？事实果真如此吗？难道没有对所有人都有利的共赢（win-win）的可能性吗?

　　少数者之得与多数者之失的争论漫无尽头，又作为今天韩国社会拖延平等进程的理论基础被广泛使用。在这样的结构之下就只会剩下利害关系了：可以接受对我有利的歧视，绝不接受对我不利的歧视。"一颗豆子也要分着吃"的传统美德，和"五饼二鱼"的宗教教义，其影响力都在不觉中式微，"美风良俗"在今天竟有了排斥陌生人的含义。[16]

　　平等，作为共生的方法，作为共存的条件，希望我们每个人都能认真思考其内在含义。在这个不规定"正确"生活范式的解构时代，虽然可能遇到困难，虽然可能产生混乱，但这也是人类获得渴望已久的自由的过程。曾经只有王公贵族才能享有的自由，何时才能让大多数的民众也能享有，进而让曾被社会抛弃的所有人享有? 我们的世界还有很长的路要走，还有很多的变化要发生。

　　就算反歧视法得以制定，本书中提到的很多内容仍然有可能会成为争议的对象。仅仅为了确立"消除歧视"这一基本原则，我们就已经非常艰难了。要想消除日常的歧视，我们仍有很长的路要走。虽然性骚扰很久以前就被法律所禁止，但从法律禁止到民众了解性骚扰的概念，再到不施骚扰行为，也经历了很长的时间，且至今仍在改善之中。但韩国社会已经形成了反对性骚扰的共同意志，且正在推动社会朝着这个方向进步。

　　我们都希望平等，但仅凭善良的心是不能实现平等的。为了避免在不平等的世界里成为"善良的歧视者",我们还应想象一下那个超越了我们熟悉的秩序的世界是什么样子。反歧视法的制定,象征和宣告着我们希望创建一个什么样的社会。反歧视法并不仅仅是法律得以制定的结果,而更多的是我们过去十几年乃至更长时间内对歧视与平等的争论与思考结出了果实,作出了决断。结束了是否制定反歧视法的斗争,我们来谈谈如何在这片土地上实现平等吧。就像汉娜·阿伦特说的那样:当我们共同下定决心时,平等恰在此时此地成为现实。

平等不会从天而降。平等,就是人类社会受正义原则支配的产物。即便我们生而不平等,但作为社会共同体中的一员,只要我们决心保障彼此间同等的权利,平等就在我们之间形成了。[17]

结语　我们的世界

　　电影《我们的世界》（2016）是以一群孩子在小学操场上分组的场面开始的。孩子们喊着"石头剪刀布"进行分组。主人公李善（崔秀仁饰）等待着被挑选，眼神里透着不安。虽然最后肯定会加入某一组，但她无论到哪一组都是不受欢迎的，最终李善不得已被指了名，也开始了躲皮球的游戏。

　　电影生动形象地展现了童年时期唯恐不能融入集体的不安和恐惧。对于那些童年时期多少经历过这种恐惧的人来说，这部电脑简直就是惊悚片。朋友的生日派对没有邀请自己，伤心不已；郊游时东张西望，就为了找个一起吃饭的朋友；为了讨朋友开心而说谎……这一系列场面瞬间勾起了我离开校园后尘封了数十年的情绪。

　　这部电影让我意识到，那个我们误以为天真烂漫的纯真童年，其实比任何时期都残忍。在教室这个小世界里，一群十岁上下的孩子赤裸裸地再现了现实世界的歧视。谁家穷，谁家父母离婚了，谁家的爸爸是酒鬼，这一切都是孩子们用来嘲弄和排挤别人的理由。在别的学校遭过霸凌，也会成为在新学校挨欺负的理由。谁身上有味儿，谁谎话连篇，那个小世界充斥着谣言和算计，也在经历着分裂与矛盾。

本书中提到的许多种歧视，或许就是发端于那个小小的世界吧。当朋友之间不是松散的开放关系而是紧密黏合的封闭关系时，若不能加入友谊共同体，不安感只会更甚。按最近流行的话来说，要么是跟谁都合得来的"万人迷"（insider），要么就是跟谁都合不来的"万人嫌"（outsider），只能二选一。在万人迷和万人嫌之间，是有区分标准的，外貌、能力等各方面的歧视都会在此时显现。

或许正是出于这样的原因，童年时期每逢学期初我都会为了和几个同学结成小组而忙活好一阵子，因为我想和同学们合得来，或者确切来说我是想获得有朋友的安全感。几十年过去了，这种不安在大学校园里仍旧屡见不鲜。或是第一天上课坐在旁边，或是来自同一个地区，学生们总得找些理由交个朋友才能安心，才能踏踏实实过好校园生活。就算离开了校园进入职场，还是会担心被排挤被孤立。即使已经成人，对"不合群"的恐惧依旧难消散。

我们惧怕被人群驱赶到界限之外，所以为了入围，做了很多牺牲。通过本书我想说的是一种和"不合群"的恐惧作斗争的方法。我们没有必要为了合群而努力成为一个"完美"的人，或者装成那种人，我们应该一起畅享那个人人都以本真面貌为人所欢迎的世界。至少也应该期待创建一个不用因担心自己被排挤而嘲笑、戏弄、践踏他人的社会，一个包容所有人的安全的社会。

电影《我们的世界》最后一幕又回到了躲球游戏的操场。在电影开头同学们都向李善喊着"你踩线了！你下去！"。同样的情形在影片末尾又出现在了韩智雅（薛慧仁饰）的身上。片头李善抗辩时，没有人站在她一边，但在影片最后，李善却开始为韩智雅发声。"韩智雅没踩线！"于是躲皮球的游戏继续着，"为了自己不被孤立而去孤立对方"，这曾是两个孩子相处的矛盾，而矛盾也这样无声地化解了，影片就此结束。

歧视不仅仅关乎"社会弱势群体"或"少数群体"，也关乎我们每个人的生活关系。因此在本书中我试图回顾在这个出于各种原因既歧视他人又被他人歧视的关系网中，我们的生活是如何形成的。同时我也希望每个人都可以过得不那么紧张，都可以去建立一种既悠闲又可拥抱新事物的宽松关系。

就像本书中所提到的，当"我们"的前提是"他们"时，"我们"也就具有了排他性。在电影中教室里，无数个"我们"组建又解体，矛盾也由此产生。如果"我们"不作一个封闭的群体，而是无数个"我们"相互交织融汇，那么，是不是就可以成为"大家"了呢？真希望建造一个"大家"的共同体，一个热情、团结、开放的共同体，在这里，每个人都不用硬着头皮和别人喊"踩线了""你下去"！

致谢 [①]

本书中的很多内容是为江陵原州大学多元文化学专业"少数派与人权"这门课所整理的材料,有的部分源自课上和学生们的对话。对于歧视这个颇具难度的主题,学生们总是坦诚地分享自己的想法和经验,也正是与学生们的交流让我发现了更多可以研究的内容,让我可以和学生们一同成长。我参与过人权教育主题的大大小小许多个课程,感谢课程期间和我真诚交流的各位同人。我深深感觉到这些课程不仅仅是我在向别人传道授业,更多的是我自己学习成长的过程。通过这样的过程,我意识到在生活中歧视是一个多么复杂多变的问题。感谢序言中那位问我"为什么要用'选择障碍'这个词"的老师,也感谢在各个讨论会上相识的老师们。各位老师倾听我的想法,并给出了真诚的反馈,这对我来说弥足珍贵。

一直以来有太多的人通过语言和文字上的沟通向我提供了

---

① 文中的人名、动物名均为音译。

帮助，我的研究工作才成为可能。通过 SOGI 法律政策研究会、移民女性人权论坛、韩国性少数者研究会、反歧视法制定联盟等机构的社会活动人士及研究人员，我才得以学习、思考、反省。感谢一直引导并鼓励我进行歧视问题研究的李俊逸老师。我也从柳敏熙、朴韩熙、李承贤、张曙妍、赵慧仁、韩珈蓝等几位老师身上学到了很多，这几位律师、社会活动人士都有着大量在一线直面歧视案件的经验。能和诸位一起工作，是我莫大的荣幸。

罗英静和美柳两位社会活动家阅读了本书的初稿并提出了宝贵意见，得益于两位老师的真知灼见，我才发现了自己未曾发现的角度，并对内容进行了补充。一切疏漏皆为我之过错。感谢崔智秀老师和创批出版社编辑部的各位老师，对于我的书稿，各位比我本人还更为珍视。同时也要感谢本书筹备过程中始终激励着我的朴英京老师。从本书的策划到撰写到收尾，每一个阶段都是贤京在帮助整理文稿，无论问题大小都会认真提出意见和看法，感谢你的辛勤付出。感谢始终全力支持我学业的父亲母亲，感谢常给我温暖与感动的妹妹恩慧。同时也要感谢我那几只可爱的猫咪 MARU、JANTAL、OZ、PONGPONG，是你们在我的桌上转来转去挡住了显示器，是你们踩在键盘上乱按一气，对这么重要的书，要有礼貌哦。最后，我想把这本书当作礼物送给尤其喜欢坐在书上的小院子，去年初夏，它离开我们去了彩虹桥的另一端。那时正值野花盛开，黄灿灿，垂缨于书间。

2019 年 7 月

金知慧

注释

第一章　横看成岭侧成峰

1 推特 @sungjaegi, 2012.10.5

2《"消除女性专用"……男性们的逆向歧视"叛乱"》，KBS 新闻，2012.7.28

3《会见男性联盟○○○》，DDANZI 日报，2013.7.29., http://www.ddanzi.com/ddanziNews/1351628 (2019.2.21 浏览)

4 参考韩国女性政策研究院的统计数字，2018 年国考合格者中女性占比分别为：行政考试 36.7%，外交干部考试 60.0%，律师考试 44.0%。韩国女性政策研究院性别认知统计数据库，http://gsis.kwdi.re.kr:8083/statHtml/statHtml.do?orgId=338&tblId=DT_1HB1009R (2019.6.26 浏览)

5 人事革新处《2018 人事革新统计年报》通卷第 4 号，2018 年 7 月，第 27 页

6 Kelly Danaher & Nyla R. Branscombe, "Maintaining the System with Tokenism: Bolstering Individual Mobility Beliefs and Identification with a Discriminatory Organization," *British Journal of Social Psychology*, 49, 2010, 第 343–362 页

7 Nyla R. Branscombe & Robert A. Baron, *Social Psychology*, Pearson 2017(第 14 版), 第 195 页

8 同上书，第 195–96 页

9 e- 国家指标提供的 "男女收入比" 统计。劳动部各就业形态劳动现状调 查 的 结 果，http://www.index.go.kr/potal/main/EachDtlPageDetail. do?idx_cd=2714 (2019.5.20 浏览)

10 Peggy McIntosh, "White Privilege: Unpacking the Invisible Knapsack," *Peace &Freedom*, July/August 1989, 第 10–13 页

11 Barry Deutsch, "The Male Privilege Checklist: An Unabashed Imitation of an Article by Peggy McIntosh," https://www.cpt.org/files/US%20–%20 Male%20 Privilege%20Checklist.pdf (2019.2.21. 浏览)

12 奥兹莱姆·森索伊和罗宾·迪安吉洛《真的人人平等吗？》，洪韩星译，良册出版社 2016, 第 116–117 页

13 Barrington Moore, Jr., *Injustice: The Social Bases of Obedience and Revolt*, Routledge 2015

14 同上书；齐格蒙特·鲍曼《我们为什么忍受不平等？》，安圭南 译，东隅出版社 2013, 第 87–91 页

15 Branscombe & Baron, 同上书 第 187 页

16 Daniel Kahneman & Amos Tversky, "Choices, Values and Frames," *American Psychologist*, 39(4), 1984, 341–350 页；丹尼尔·卡尼曼《关于思考的思考》，李昌申译，金英出版社 2018, 第 411–426 页

17 Branscombe & Baron, 同上书第 188 页；Michael I. Norton & Samuel R. Sommers, "Whites See Racism as a Zero Sum Game That They Are Now Losing," *Perspectives on Psychological Science*, 6(3), 2011, 第 215 页

18 崔维珍《2016 年两性平等现状调查分析研究》，女性家庭部 2016

19 目前有 74.2% 的女性认为社会对女性是不平等的，预计 5 年后仍将不平等的比例则降至 46.7%。有 50.8% 的男性认为目前的社会对女性不平等，认为 5 年后仍将不平等的人数占比降至 26.6%。与之相反，有 11.2% 的女性认为目前的社会对男性是不平等的，认为五年后社会仍将对男性不平等的比例却增加到了 19.1%。男性被调查者认为目前社会对男性不平等的比例是 21.6%，预计五年后社会对男性不平等的比例增加到 30.6%。同文 第 247,251 页

20《"年轻女老师是很值钱的"关于庆尚北道教育监李英宇发言的讨论》，*ohmynews*，2017.8.3

第二章 我们的位置不是一成不变的

1 Mahzarin R. Banaji & Anthony G. Greenwald, *Blindspot: Hidden Biases of Good People*, Bantam 2013, 第 78–79 页

2 Gordon W. Allport, *The Nature of Prejudice*, Basic Books 1979 (25 周年版), 第 20 页

3 Banaji & Greenwald, 同上书 第 80–87 页

4 同上书第 83–84 页

5 Chris, "15 Character Traits About Korean People," https://www.mrvacation.com/ traits–about–korean–people/ (2019.2.23. 浏览)

6 Walter Lippmann, *Public Opinion*, Harcourt Brace & Co. 1922

7 IVY 国际婚介 ,《各国新娘大盘点》, http://www.ivykwed.com/pages.php?id=54 (2019.2.23. 浏览)

8 Lippmann, 同上书

9 Nyla R. Branscombe & Robert A. Baron, *Social Psychology*, Pearson

2017(第 14 版), 第 201 页

11 同上书

12 John M. Darley & Paget H. Gross, "A Hypothesis-Confirming Bias in Labeling Effects," *Journal of Personality and Social Psychology*, 44(1), 1983, 第 20-33 页

12《平昌入籍选手，我们在奔跑》，韩民族日报，2017.9.12

13《因给朋友劝架，结束了 10 年的韩国生活》，韩民族日报，2013.1.11；《蒙古少年被驱逐出境，"反人权事件"批判》，*ohmynews*, 2012.11.9

14 此后司法部为保障儿童学习的权利决定推迟执行驱逐出境决定直至高中，但并非向滞留儿童授予国籍和合法滞留资格。文炳基，张林淑，郑东宰，宋亨珠和朴美贞《关于在韩滞留儿童的状况调查》，司法部研究服务报告，2018.11., 第 92-93 页

15 参考关于内部及外部群体的认识及态度倾向性的说明 Jam es M. Jones, John F. Dovidio & Deborah L. Vietze, *Psychology of Diversity: Beyond Prejudice and Racism*, Wiley-Blackwell 2014, 第 132 页

16 Henri Tajfel, M.G. Billig, R.P. Bundy & Claude Flament, "Social categorization and intergroup behaviour," *European Journal of Social Psychology*, 1(2), 1971, 第 149-178 页

17 David DeSteno, Nilanjana Dasgupta, Monica Y. Bartlett & Aida Cajdric, "Prejudice From Thin Air: The Effect of Emotion on Automatic Intergroup Attitudes," *Psychological Science*, 15(5), 2004, 第 319-324 页

18 同上文

19 Muzafer Sherif, O. J. Harvey, B. Jack White, William R. Hood & Carolyn W. Sherif, *Intergroup Conflict and Cooperation: The Robbers Cave Experiment*, Wesleyan University Press 1988

20 Kimberle Crenshaw, "Demarginalizing the Intersection of Race and Sex: A Black Feminist Critique of Antidiscrimination Doctrine, Feminist Theory and Antiracist Politics," *University of Chicago Legal Forum*, 1989(1), 第 141 页

21 De Graffenreid v. General Motors Assembly Div., etc., 413 F. Supp. 142 (E.D. Mo. 1976)

22 Crenshaw，同上文 第 139–167 页

23 同上文第 157–160 页

24 同上文第 157–159 页，163 页

25 电影纪录片《Anita Hill》(2013) 对此事件有详细记录

26《【真相究明】关于济州也门难民流言的真与假》，联合新闻，2018.6.19

27《基于济州岛的非法难民申请问题的难民法、免签证入境及难民申请许可之废除 / 修宪请愿》，青瓦台国民请愿，https://www1.president.go.kr/petitions/269548 (2019.6.26. 浏览)

28 门户网站 NAVER 推荐的联合新闻 2018.7.20. 报道《难民也是人……去移民局连个座都不给（综合）》截至 2019 年 6 月总计 10951 条留言，其中有 3000 多条被删除，余 7813 条，https://news.naver.com/ main/read.nhn?mode=LSD&mid=sec&sid1=102&oid=001&aid=0010223519 (2019.6.26. 浏览)

第三章　鸟儿看不到鸟笼

1 张秀明《大学排名的经济效益分析》，韩国教育，第 33 卷第 2 号，2006，第 75-107 页；李京熙、金泰一《大学排名及专业的工资效果：基于性别差距》，教育学研究，第 45 卷第 3 号，2007，第 167–197 页

2 金英哲《难道幸福不就是成绩排名吗：学历的非经济效果推定》，《经

济学研究》第 64 卷 第 1 号，2016，第 107–150 页

3 Nyla R. Branscombe & Robert A. Baron, *Social Psychology*, Pearson 2017(第 14 版)，第 117–118 页

4 Erving Goffman, *Stigma: Notes on the Management of Spoiled Identity*, Prentice– Hall, Inc. 1963

5 同上书 第 1–19 页

6 Steven J. Spencer, Claude M. Steele & Diane M. Quinn, "Stereotype Threat and Women's Math Performance," *Journal of Experimental Social Psychology*, 35, 1999, 第 4–28 页

7 同上文 第 5 页

8 Gregory M. Walton & Geoffrey L. Cohen, "Stereotype Lift," *Journal of Experimental Social Psychology*, 39, 2003, 第 456–467 页

9 同上文

10 韩国教育课程评价院，《报道资料：2018 学年高考成绩分析结果发布》，2018.10.3

11 韩国教育课程评价院，《报道资料：2017 学年高考成绩分析结果发布》，2017.9.27

12 对公共数据门户网站提供的《韩国教育课程评价院大学数学能力考试信息》中《2018 学年大学数学能力考试标准分频率分布》进行分析后的内容 , https://www.data.go.kr/dataset/15001549/fileData.do (2019.2.23. 浏览)

13 Luigi Guiso, Ferdinando Monte, Paola Sapienza & Luigi Zingales, "Culture, Gender, and Math," *Science*, 320(5880), 2008, 第 1164–1165 页

14 Shelley J. Correll, "Gender and the Career Choice Process: The Role of Biased Self–Assessments," *American Journal of Sociology*, 106(6), 2001, 第 1691–1730 页

15 据分析，性别收入差的原因存在很多种。主要原因是女性的工龄较短，在高收入岗位中所占比例较低，就业单位规模较小，多为小时工或非正式岗，多从事没有工会涉及的工作，以及此类劳动条件的不合理性之外的其他歧视

16 性别收入差 (gender wage gap)：以男性中位收入为基准的男女中位收入差，OECD, "Gender wage gap (indicator)," 2019, https://doi. org/10.1787/ 4ead40c7–en(2019.6.26. 浏览)

17 OECD, "Education at a Glance 2018: OECD Indicators," OECD Publishing, 2018, http://dx.doi.org/10.1787/eag–2018–en (2019.6.26. 浏览)

18 尹慈荣《性别收入差的最新动向及长久课题》，国际劳动参考第 11 卷第 6 号，2013；崔世林《关于性别收入差的讨论：过去、现在以及政策》，国际劳动参考第 17 卷第 1 号，2019，第 5 页

19 崔世林，同上文 参考第 5–6 页

20 又称 Structural discrimination

21 吉野贤治《伪装》（Covering），金贤京、韩光罗 译，民音出版社 2017

22 Kenneth B. Clark & Mamie Clark, "Racial Identification and Preference in Negro Children," *Readings in Social Psychology*, 1947, 第 169~178 页

23 Michael Beschloss, "How an Experiment with Dolls Helped Lead to School Integration," *The New York Times*, 2014.5.6

24 Brown v. Board of Education of Topeka, 347 U.S. 483 (1954)

25 同上文 494–495 页。省略号的前半部分是最高法院在另一法院判决中的引文

26 Marilyn Frye, "Oppression," *The Politics of Reality: Essays in Feminist Theory*, Crossing Press 1983, 第 1–16 页

27 同上书 第 7 页

28 Danny Dorling, Injustice: Why Social Inequality Still Persists, Policy

Press 2015(第 2 版)

29 奥兹莱姆·森索伊 (Özlem Sensoy)、罗宾·迪安吉洛（Robin DiAngelo）《真的人人平等吗？》，洪韩星 译，良册出版社 2016, 第 98 页

30 同上书 第 98~99 页

第四章　为何因一句玩笑话而拼命

1 Alexis Clark, "How the History of Blackface Is Rooted in Racism," History, https://www.history.com/news/blackface-history-racism-origins (2019.6.27. 浏览)

2 "Blackface," Wikipedia, The Free Encyclopedia, https://en.wikipedia.org/w/index.php?title=Blackface&oldid=903010002 (2019.6.27. 浏览)

3 同上文

4 同上文

5 Mark A. Ferguson & Thomas E. Ford, "Disparagement Humor: A Theoretical and Empirical Review of Psychoanalytic, Superiority, and Social Identity Theories," *Humor: International Journal of Humor Research*, 21(3), 2008, 第 288 页

6 同上文 第 288-289 页 ; Laura E. Little, "Regulating Funny: Humor and the Law," *Cornell Law Review*, 94, 2009, 第 1245 页

7 Thomas Hobbes, Leviathan, 1651, 第 4 章

8 Dolf Zillmann & Joanne R. Cantor, "Directionality of Transitory Dominance as a Communication Variable Affecting Humor Appreciation," *Journal of Personality and Social Psychology*, 24(2), 1972, 第 191-198 页

9 Thomas E. Ford, Kyle Richardson & Whitney E. Petit, "Disparagement

humor and prejudice: Contemporary theory and research," *Humor*, 28(2), 2015, 第 171–186 页

10 同上文 第 176 页

11 Donald A. Saucier, Conor J. O'Dea & Megan L. Strain, "The Bad, the Good, the Misunderstood: The Social Effects of Racial Humor," *Translational Issues in Psychological Science*, 2(1), 2016, 参考第 79–80 页

12《李海瓒在残疾人活动中表示"政界精神病太多"》, 韩国日报 , 2018. 12. 29

13 Gordon Hodson, Jonathan Rush & Cara C. MacInnis, "A Joke Is Just a Joke (Except When It Isn't): Cavalier Humor Beliefs Facilitate the Expression of Group Dominance Motives?" *Journal of Personality and Social Psychology*, 99(4), 2010, 第 660–682 页

14 Thomas E. Ford, Julie A. Woodzicka, Shane R. Triplett, Annie O. Kochersberger & Christopher J. Holden, "Not All Groups are Equal: Differential Vulnerability of Social Groups to the Prejudice-Releasing Effects of Disparagement Humor," *Group Processes & Intergroup Relations*, 20(10), 2013, 第 178–99 页 ; Thomas E. Ford, Erin R. Wentzel & Joli Lorion, "Effects of Exposure to Sexist Humor on Perceptions of Normative Tolerance of Sexism," *European Journal of Social Psychology*, 31, 2001, 第 677–691 页

15 Ford, Woodzicka, Triplett, Kochersberger & Holden, 同前文

16 同上文 第 193 页

17《2018 年社会统合实态调查》, 韩国行政研究院 , 2018, 67, 第 312 页

18 Adam D. Galinsky, Kurt Hugenberg, Carla Groom & Galen V. Bodenhausen, "The Reappropriation of Stigmatizing Labels: Implications for Social Identity," *Identity Issues in Groups*, Emerald Group Publishing Limited

2003, 第 231 页

 19 同上文 第 231–232 页

 20《"不和于时代的不全政治"宣言》, *ohmynews*, 2018.2.1

 21 Thomas E. Ford, Christie F. Boxer, Jacob Armstrong & Jessica R. Edel, "More Than 'Just a Joke': The Prejudice–Releasing Function of Sexist Humor," *Personality and Social Psychology Bulletin*, 34(2), 2008, 参考第 159 页

第五章　相信有些歧视是公正的

 1《未婚的"女士"？非正式公务员之称谓的侵犯人权讨论》, 每日经济, 2016.10.6;《将非正式员工称为"女士""小姐"是侵犯人权的》, 联合新闻, 2016.12.20

 2《水原市改善针对非正式员工的称谓,"人权城市"只是说说而已吗》, 仁川日报, 2017.5.1

 3《现代版"种姓制度"？以挂绳颜色区分的"非正式员工"》, *Digital Times*, 2017.5.25

 4 金福顺《非正式员工的雇佣及劳动条件：统计厅, 基于"经济活动人口调查"2016 年 8 月附加调查》, 月刊劳动参考, 2017 年 1 月号, 第 103, 105 页

 5 Shannon K. McCoy & Brenda Major, "Priming Meritocracy and the Psychological Justification of Inequality," *Journal of Experimental Social Psychology*, 43, 2007, 第 341 页

 6 同上文 第 341–351 页

 7 约翰·罗尔斯《正义论》, 黄京植 译, 而学社 2003, 第 46–47 页。本

书中译为"无知之幕"

8 国家人权委员会 2011.9.27. 10 陈情 0480200 决定（录用时针对听觉障碍人士的间接歧视）

9 国家人权委员会 2013.6.18. 13 陈情 0073700 决定（司法部考试时未向全盲视觉障碍人士提供便利）

10 国家人权委员会 2012.8.22. 11 陈情 0699900 决定（拒绝在面点技能考试中提供合理的便利）

11 国家人权委员会 2015.8.20. 15 陈情 0627300 决定（拒绝在税务岗公务员考试中为脑损伤患者提供笔记代笔的便利）

12 至今该政策或仍将维持，University of Washington School of Law, "Exam Instructions," https://www.law.washington.edu/students/ exams/ instructions.aspx (2019.6.27. 浏览)

13 Emilio J. Castilla, "Gender, Race, and Meritocracy in Organizational Careers," *American Journal of Sociology*, 113(6), 2008, 第 1479–1526 页

14 Emilio J. Castilla & Stephen Benard, "The Paradox of Meritocracy in Organizations." *Administrative Science Quarterly*, 55, 2010, 第 543–576 页

15 同上文 第 547 页

16 Benot Monin & Dale T. Miller, "Moral Credentials and the Expression of Prejudice," *Journal of Personality and Social Psychology*, 81(1), 2001, 第 5–16 页

17 Castilla & Benard, 前文 第 548 页

18 国家人权委员会 2010.1.21.09JC1194 决定（私立高中常设快慢班制度导致的歧视）。国家人权委员会将类似于只允许学习成绩优秀的学生在阅览室自习的学校政策判定为不合理的歧视行为。国家人权委员会 2008.1.28. 08JC13 决定（其他事由导致的教育设施使用歧视）

19 韩国各年级学生中，小学生的 10.9%，中学生的 28.1%，高中生的 41.3% 回答曾因学习成绩不好遭遇过歧视。金英智、金熙珍、李敏熙、金镇浩《有关儿童·青少年权利的国际协约履行研究：韩国儿童·青少年人权现状 2017》，韩国青少年政策研究院，2017，第 105–108 页

第六章　被驱赶的人们

1 Heart of Atlanta Motel, Inc. v. United States, 379 U.S. 241 (1964)，第 291–292 页（戈德堡大法官的意见，引用参议院通商委员会意见书）

2 货币价值的计算基于 Measuring Worth(www.measuringworth.com) 提供的购买力计算法

3 Linda C. McClain, "Involuntary Servitude, Public Accommodations Laws, and the Legacy of Heart of Atlanta Motel, Inc. v. United States," *Maryland Law Review*, 71, 2011, 第 88 页。前文关于亚特兰大中心旅馆诉美国案的背景参照本文

4 Heart of Atlanta Motel, Inc. v. United States, 379 U.S. 241 (1964) 第 260–261 页

5《"外国人会把水弄脏，不能进桑拿房！"》，*ohmynews* , 2011.10.13

6《"恐有艾滋病"，将入籍女性拒之门外的桑拿房》，京乡新闻，2011.10.13

7 同上文

8《男浴·女浴，外国人浴室，连浴室都在歧视》，文化日报 , 2014.1.16

9《报警驱赶韩国裔老人的麦当劳餐厅，何故？》，*ohmynews*, 2014.10.17

10《美国星巴克种族歧视风波，逮捕"不消费"的黑人》，联合新闻，2018.4.15

11《"印第安人禁止日内"拒绝特定外国人进入的酒馆风波》，SBS新闻，2017.6.7

12《咖啡厅禁止没有父母陪伴的初高中生入内引起"风波"》，京乡新闻，2018.4.20

13《残疾人连餐厅都不能进，日本料理店称"没位置"拒客》，京乡新闻，2017.1.5

14《拒绝残疾人顾客的"无残障人士区域"》，《同行》，2017.3.7

15《兼职生眼中最无礼行为的第一位是"讲话不客气的顾客"》，京乡新闻，2017.8.4

16《食品卫生法》第3条第3款，《食品卫生法施行规则》第2条及附表1

17《标识·广告规范法规》第3条

18《消费者基本法》第16条第2款，《消费者基本法执行令》第8条第3款及《消费纠纷解决基准》。依据《电子商务等形态下的消费者保护相关法》第17条，《分期付款法》第8条，《到店销售法》第8条等不同交易形态下的相关法律，消费者可合法退货

19 West Chester & Philadelphia Railroad Co. v. Miles, 55 Pa. 209 (1867)，第212–213页

20 Iowa Department of Human Rights, Jim Crow Laws, https://humanrights.iowa.gov/cas/saa/african-american-culture-history/jim-crow-laws (2019.2.21.浏览); Joseph W. Singer, "No Right to Exclude: Public Accommodations and Private Property," *Northwestern University Law Review*, 90, 1996, 第1388页

21 Plessy v. Ferguson, 163 U.S. 537 (1896)，第550–551页

22 Singer, 同上文 第1389–1390页

23 Heart of Atlanta Motel, Inc. v. United States, 同上文 第285页（引用道格拉斯大法官的意见，参议院议员报告第88–872号）

24 Loving v. Virginia, 388 U.S. 1 (1967), 第 3 页（引用一审判决）

25 同上文 第 12 页

26 James M. Oleske, Jr., "The Evolution of Accommodation: Comparing the Unequal Treatment of Religious Objections to Interracial and Same–Sex Marriages," *Harvard Civil Rights–Civil Liberties Law Review*, 50, 2015，第 107–108，118–119 页

27 同上文 第 108–109 页 , 122 页

28 同上文 第 113 页

29 宪法第 11 条 ①法律面前人人平等。任何人无论性别、宗教以及社会身份在政治、经济、社会、文化生活等一切领域不受歧视。宪法第 20 条①人人享有宗教自由。②不指定国教，政教分离

30《"外国人不行"，连入托都难的外国儿童们》，京畿道外国人人权援助中心新闻资料 , 2018.5.3

31 Jennifer L. Eagan, "Multiculturalism," Encyclopædia Britannica, 2015, https:// www.britannica.com/topic/multiculturalism (2019.6.27. 浏览)

32《"多文化你留一下"，歧视仍在，尊重多样性的教育问题亟待解决》，韩民族日报 , 2017.2.28

第七章　眼不见就行

1《"集体私刑""单方面恐怖"仁川酷儿文化节都发生了什么? 》，韩民族日报，2018.9.11；

《"因为爱所以反对同性恋"，他们失败的根本原因》，*ohmynews*，2018.9.10

2《【现场】同性恋支持者与反对者的冲突"仁川酷儿文化节"矛盾》，*New Daily*, 2018.9.8

3《"强行举办将面临法律制裁"组织酷儿文化节的釜山海云台区政府》，*ohmynews*，2018.9.28

4《济州"首个"酷儿文化节阻力重重，如此举办》，*ohmynews*，2017.11.6

5 吉尔·瓦伦蒂安，《空间中的社会，解读社会的空间：社会地理学邀请》，朴京焕译，Hanul Publishing Group 2014，第 214 页；金东完《公共空间的理想与假象》，《为了公共空间》，东隅出版社 2017，第 24 页

6 汉娜·阿仑特《人类的条件》，李振宇 译，韩路出版社 2017，第 103 页

7 同上书 第 98-103 页

8 同上书

9 李根东"关于兄弟福利院被害事件之特别法的制定"，《有关基于内政部条例的兄弟福利院强制收容等被害事件的真相及国家责任调查等的公开听证会》，安全行政委员会，2015.7.3.，第 7-8 页；《今日焦点》，全北日报，1987.2.7

10 兄弟福利院是于 1975 年到 1987 年在釜山运营的收容所，可容纳超过 3000 人，强制劳动、殴打、性暴力等问题时有发生，并发生过超过 500 人死亡的大规模侵犯人权事件

11 金东完，前书 第 40-46 页

12 同上书 参考第 40-43 页

13 Erving Goffman, *Stigma*: *Notes on the Management of Spoiled Identity*, Prentice- Hall Inc. 1963，第 73-75 页

14 对"你反对同性恋吗？"的提问回答"当然反对"的具体内容参考如下内容。《【大选讨论华彩】洪俊表问"您反对同性恋吗？"文在寅回答"不喜欢"》，JTBC News, 2017.4.25，https://www.youtube.com/watch?v=isdZ1M2UHcE (2019.6.29.浏览)

15 Sara Ahmed, *The Cultural Politics of Emotion*, Routledge 2015(第2版),第56页

16 同上书 第 44–60 页

17 所谓仇恨犯罪是指将性别、人种、民族、残疾、宗教、性取向、性认同等视作对某特定人群施加偏见与憎恶的动机,并施以犯罪的行为。在欧美等国对此制定了《憎恶犯罪法》(*Hate Crime Law*)

18《江南凶案系"女性憎恶犯罪"》,韩民族日报,2016.5.19

19《仁川性少数者团体未经许可强行举办彩虹文化节》,韩国日报,2018.9.3

20 Alekseyev v. Russia, European Court of Human Rights, 4916/07, 25924/08 and 14599/09, 2010.10.21., 第 57, 62 段

21 Alekseyev v. Russia, 同上文 第 21, 70 段 (Bączkowski and Others v. Poland, European Court of Human Rights, 1543/06, 2007.5.3., 第 63 段)

22 同上文 第 76, 81 段

23 同上文 第 70 段 (Bączkowski and Others v. Poland, 前文 第 63 段)

24《在文在寅面前突然示威呐喊"为你憎恶同性恋的发言道歉"的 13 名人权活动家被警方逮捕》,京乡新闻,2017.4.26

25 Susan Opotow, "Moral Exclusion and Injustice: An Introduction," *Journal of Social Issues*, 46(1) 1990, 第 3–6 页

26 同上文 第 4 页

27 Morton Deutsch, *Distributive Justice: A Social Psychological Perspective*, Yale University Press 1985, 第 36–37 页

28 Opotow, 同上文 第 1 页

29 金贤京《人、地点、款待》,文学与知性出版社 2015, 第 36–40 页

30 汉娜·阿仑特《群体主义的起源 1》,李振宇、朴美爱 译,韩路出版

社 2006，第 534 页

31《外国人劳动者雇佣法》第 18 条，第 18 条之 2，第 18 条之 3，第 18 条之 4

32《外国人劳动者雇佣法》第 25 条

33 Linda Bosniak, "Being Here: Ethical Territoriality and the Rights of Immigrants," *Theoretical Inquiries in Law*, 8(2), 2007, 第 389–410 页；金知慧《移民者的基本权利：不平等和"伦理上的领土权"》，《宪法学研究》22(3)，2016，第 223–251 页

第八章 历经百般恐惧方得真正平等

1《"滚出去×××"残疾人自觉被辱骂并乘坐地铁的原因》，*ohmynews*，2018.6.14

2《"紧急措施之卜的人们"半个世纪民主化进程回顾》，统一新闻，2018.7.21

3 Stanley Milgram, "Behavioral Study of Obedience," *Journal of Abnormal and Social Psychology*, 67(4), 1963, 第 371–378 页；Branscombe & Baron, *Social Psychology*, Pearson 2017(第 14 版)，第 284–286 页

4 James M. Jones, John F. Dovidio & Deborah L. Vietze, *Psychology of Diversity: Beyond Prejudice and Racism*, 2014, 第 104 页

5 宪法法院 1997.7.16.95 宪 GA6 至 13(合并)全员审判庭决定

6《法理审判台反思 96 年我们的社会》，文化日报，1996.12.30.;《"500 年的邪恶法律与 30 年的斗争""血统·家族瓦解 人人都是不伦之子"》，京乡新闻,1997.7.17

7 宪法法院 2005.2.3. 2001 宪 GA9·10·11·12·13·14·15, 2004 宪

GA5(合并) 全员审判庭决定

8 "Lesbian couples likelier to break up than male couples," Centraal Bureau voor de Statistiek, 2016.3.30., https://www.cbs.nl/en–gb/news/2016/13/lesbian–coupleslikelier–to–break–up–than–male–couples (2019.2.20. 浏览)

9 参考John F. Helliwell, Richard Layard & Jeffrey D. Sachs, *World Happiness Report 2018*, Sustainable Development Solutions Network 2018

10 罗英正《韩国 LGBTI 群体社会需求调查》，朋友出版社 2014, 第 244 页 , 248 页 , 250 页

11 Mervin J. Lerner, "The Justice Motive: Some Hypotheses as to its Origins and Forms," *Journal of Personality*, 45(1), 1977, 第 1–2 页；Melvin J. Lerner & Dale T. Miller, "Just World Research and the Attribution Process: Looking Back and Ahead," *Psychological Bulletin*, 85(S), 1978, 第 1030 页

12 Lerner & Miller, 前文 第 1030 页

13 同上文 第 1030–1031 页

14 同上文 第 1031 页

15《世界社会福祉大会现场高喊"废除残疾等级制度"郑镇烨部长视而不见》，*BeMinor*，2016.6.27

16《世界社会福祉大会"暴力镇压"国际社会"联合"答复》，*BeMinor*，2016.6.28

17《世界社会福祉大会开幕式被拖出去的残疾人活动人士受邀成为闭幕式嘉宾》，*newscham*, 2016.7.1

18 约翰·斯图尔特·米尔《自由论》，徐炳勋 译，书世界 2018，第 105 页

19 同上书

20 这句话来自美国华盛顿大学法学院内学生休息室的告示板，具体出处

不详

第九章 所有人的平等

1 Sheila L. Cavanagh, *Queering Bathrooms: Gender, Sexuality and the Hygienic Imagination*, University of Toronto Press 2010

2 Terry S. Kogan, "Sex-Separation in Public Restrooms: Law, Architecture, and Gender," *Michigan Journal of Gender & Law*, 14(1), 2007, 第 5–7 页

3 W. Burlette Carter, "Sexism in the 'Bathroom Debates': How Bathrooms Really Became Separated by Sex," *Yale Law & Policy Review*, 37(1), 2018, 第 238–240 页

4《残疾人洗手间为什么不分男女？》，pressian.com, 2009.12.28

5 Audrey Smedley, "Racism," Encyclopædia Britannica, 2017, https://www.britannica.com/topic/racism (2019.2.20. 浏览)

6 同上文

7《健康第一：那些孩子是雌雄间性》，国际特赦组织，https://amnesty.or.kr/campaign/intersex/ (2019.6.30. 浏览)

8《憎恶时代对性少数者的 12 个问题》，韩国性少数者研究会（准）2016, 第 19–26 页, https://lgbtstudies.or.kr/ (2019.6.30. 浏览)

9《招聘盲选指导手册》，雇佣劳动部、韩国产业人力工团、大韩商工会议所 2017, 第 8 页 ,http://www.moel.go.kr/policy/policydata/view.do?bbs_seq=20180100442(2019.7.2. 浏览)

10 Sandra Fredman, Discrimination Law, Oxford University Press 2011(第 2 版), 第 8 页

11 同上书 第 24–25 页

12 Nick Bryan, "A Restroom for Everyone," Gensler 2017, https://www.gensler.com/research-insight/blog/a-restroom-for-everyone (2019.6.30. 浏览)

13《"18 世纪对洗手间的要求"销售人员之痛》，韩民族日报，2018.10.17；全申英《工作环境对公交车司机健康状况的影响：关于饮料摄入状况》，The Korean Journal of Public Health，第 52 卷第 2 号，2015，第 27-36 页；《饭在 5 分钟内吃完，洗手间一次都不去，护士很辛苦》，*ohmynews*, 2017.7.26；《"十分钟还回不来？"客服中心员工洗手间都不能去吗？》，fnnews.com, 2019.1.14；参考《"7 小时"解密 CJ 快递司机们的辛苦日常》，韩民族日报，2018.7.12 等

14 南希·弗雷泽《从再分配到承认："后社会主义"时代定义的困境》，《超越不平等与侮辱》，文贤雅、朴健、李贤载 译，绿蜂出版社，第 24-48 页；朴美妍《从"再分配"与"自我认知"到"参与的平等"(parity of participation)》，韩国政治学会报，43(1), 2009, 第 92-95 页；李尚焕《承认的政治与社会正义》，哲学研究 , 107, 2008, 参考第 27-49 页

15 南希·弗雷泽，前书 第 32 页

16 同上书

17 Iris Marion Young, *Justice and the Politics of Difference*, Princeton University Press 1990, 第 116 页

18 同上书 第 163-168 页

19 参考 George Yancy & Judith Butler, "What's Wrong with 'All Lives Matter'?" New York Times,2015.1.12., https://opinionator.blogs.nytimes.com/2015/01/12/whatswrong-with-all-lives-matter/ (2019.6.30. 浏览)

20 Young, 前书 参考第 170 页

21 同上书

22 同上书

23 同上书 第 171 页

24 同上书

25 同上书

26 金知慧《所有人的平等》，民主法学 第 66 期，2018，第 192 页

27 同上文

28 参考同上文

29 约翰·斯图尔特·穆勒《自由论》，徐炳勋 译，书世界出版社 2018，第 139 页

30 Young, 前书 第 151 页

31 同上书

32 参考 金多白《我们越联结越强大》，*ohmynews*，2018.9.13

第十章 关于"反歧视法"

1 反歧视法法案（政府，议案编号 178002, 2007.12.12. 提出）。第 17 任国会任期结束本法案废止

2 反歧视法法案（罗熙灿议员等 10 人，议案编号 178162，2008.1.28. 提出，任期结束废止），反歧视法法案（朴银淑议员等 11 人，议案编号 1813221，2011.9.15. 提出，任期结束废止），反歧视法法案（全英吉议员等 10 人，议案编号 1814001，2011.12.2. 提出，任期结束废止），反歧视法法案（金载延议员等 10 人，议案编号 1902463，2012.11.6. 提出，任期结束废止），反歧视法法案（金韩吉议员等 51 人，议案编号 1903693，2013.2.12. 提出，撤回），反歧视法法案（崔元植议员等 12 人，议案编号 1903793，2013.2.20. 提出，撤回）

3 参考相关规定包括《公民权利和政治权利国际公约》第 2 条第 1 款，

《经济，社会，文化权利国际公约》第 2 条第 2 款，《消除一切形式种族歧视国际公约》第 1 条第 1 款。《防止酷刑和其他残忍非人道或有辱人格的待遇或处罚公约》第 1 条第 1 款，《消除对妇女一切形式歧视公约》第 1 条，《儿童权利公约》第 2 条第 1 款，《残疾人权利公约》第 2 条等

4《国家人权委员会法》第 44 条

5 司法部首次制定的法案参考反歧视法（案）立法预告（司法部公告第 2007-106 号）

6《反歧视法竟也搞歧视》，韩民族日报，第 684 期,2017.11.8

7 例如，在第 19 期大选中时任候补委员文在寅和安哲秀认为社会共识应先行于法律，并对制定反歧视法表现出消极态度。《文、安，反歧视法"没有社会共识"？"创造共识是政治人责无旁贷的义务"》，*BeMinor*，2017.4.25

8 Sandra Fredman, *Discrimination Law*, Oxford University Press 2011(第 2 版)，第 25-26 页

9 UN Committee on the Elimination of Racial Discrimination(CERD), "General Recommendation No. 32, The meaning and scope of special measures in the International Convention on the Elimination of All Forms [of] Racial Discrimination," 2009.9.24. CERD/C/GC/32, 第 7-8 页 , 参考第 12 段

10《公职选举法》第 47 条第 3 款。另，同条第 4 款规定地方选举候选人应"努力"做到 30% 以上推荐名额为女性

11《女性强制提名制度被指为逆向歧视》，pressian.com，2012.2.29.;《另一个"世界最低位"令人尴尬……引入配额制？》，MBCNEWS，2019.3.8

12 Human Rights Campaign, "Corporate Equality Index 2018," 2017, 第 4 页

13 金知慧《打造性少数者友好型职场指导书》，SOGI 法律政策研究会，2018

14 李承继《多样性管理理论考察及对国内企业的启示》，现象与认识，

第 34 卷第 1 号 2010, 参考第 163–164 页

15 United Nations Global Compact, "The Ten Principles of the UN Global Compact," https://www.unglobalcompact.org/what–is–gc/mission/principles (2019.2.19. 浏览)

16 金知慧《我们时代的美风良俗》, 共感通讯, 2018.3.16

17 汉娜·阿仑特《全体主义的起源 1》, 朴美爱、李振宇 译, 韩路出版社 2006, 第 540 页

参考文献

姜镇九《韩国社会的反多文化论调观察：基于互联网空间》，人文科学研究 32 卷，江原大学人文科学研究所 2012.

金南洙《韩国的性别收入差现状及课题》，第 19 届性别与立法论坛"解决性别收入差问题的策略方案研讨国际会议"2017.

金南洙、李承贤、李旭贤、黄成秀、朴美妍《男女收入差距现状调查》，国家人权委员会 2017.

金道钧《韩国社会中的法治主义》，知识经纬，第 13 册，大宇财团 2012.

金炯完《公共空间的理想与假设》，为了公共空间，东隅出版社 2017.

金万权 *Homo Justice*，与文册出版 2016.

金英美、车亨民《隔离与歧视的长期持续》，韩国社会学会社会学大会论文集，韩国社会学会 2016.

金英智、金熙珍、李敏熙、金镇浩《儿童青少年权利相关国际协约履行研究：韩国儿童青少年人权现状 2017》，韩国青少年政策研究院 2017.

金英哲《幸福不是按照成绩排名的："学历"的非经济效果测定》，经济学研究，第 64 卷第 1 号，韩国财政学会 2015.

金知允、姜忠具、李义哲《封闭的大韩民国：韩国人的多文化认识与政策》，issuebrief，峨山政策研究院 2014.

金知慧 . 关于同性婚姻的美国判例研究，法科社会，第 46 卷，法学社会理论学会 . 2014.

《所有人的平等》，民主法学，第 66 期，民主主义法学研究会 2018.

《侮辱性表达及社会歧视的结构：日常用语和法律发展发现》，法律与社会，第 55 期，法律与社会理论学会 2017.

《未入籍移民儿童教育权：基于美国 Plyler v. Doe 判决》，美国宪法研究，第 29 期第 1 号，美国宪法学会 2018.

《针对性取向的平等权审查标准及排除禁止原则：美国少数者平等保护法理的韩国含义》，宪法学研究，第 19 期第 3 号，韩国宪法学会 2013.

《外籍劳工的工作场所变更限制及强制劳动禁止原则》，公法研究，第 44 期第 3 号，韩国公法学会 2016.

《移民者的基本权：不平等和"伦理领土权"》，宪法学研究，第 22 期第 3 号，韩国宪法学会 2016.

《人口调查和种族认同：平等实现的困境》，法律与社会，第 59 期，法律与社会理论学会 2018.

《煽动歧视的规则：基于憎恶性表达相关国际法·比较法讨论》，法曹，第 64 期第 9 号，法曹协会 2015.

《学习成绩为由的歧视与教育的不平等》，法律与社会，第 53 期，法律与社会理论学会 2016.

金昌焕、吴炳敦《履历中断前的女性不受歧视吗：大学毕业 20~29 岁青年的毕业后性别收入差距分析》，韩国社会学，第 53 期第 1 号，韩国社会学会 2019.

金泰兴《不同性别雇佣形态收入差距的现状及诱因分析》，女性研究，第 84 卷第 1 号，韩国女性政策研究院 2013.

金贤京《人，地点，款待》，文学与知性出版社 2015.

金贤美《我们都离开了家》，石枕出版社 2014.

金熙森、李森浩《高等教育的劳动市场成果与序列结构分析》，韩国开发研究院 2007.

努斯鲍姆、玛莎：《憎恶和羞耻心》，赵继元 译，民音出版社 . 2015.

罗尔斯、约翰《正义论》，黄京植 译，而学社 2003.

罗斯、让雅克《社会协约论》，金英玉 译，humanitas 2018.

穆勒、约翰·斯图尔特《自由论》，徐炳勋 译，书世界出版社 2018.

鲍曼、齐格蒙特《我们为什么忍受不平等？》，安圭南 译，东隅出版社 2013.

朴京泰《人种主义》，书世界出版社 2009.

朴恩夏《不同性别的"好工作"决定性原因研究》，韩国女性学，第 27 期第 3 号，韩国女性学会 2011.

朴美妍，《从"再分配"与"认同感"到"参与的平等"(parity of participation)》，韩国政治学会报，第 43 册第 1 号，2009.

瓦伦蒂安、吉尔《空间中的社会，解读社会的空间》，朴京焕 译，Hanul Publishing Group 2014.

巴特勒、朱迪斯《憎恶发言》，刘敏硕 译，aleph 2016.

森索伊、奥兹莱姆·迪安吉洛，罗宾《真的人人平等吗？》，洪韩星 译，良册出版 2016。

申京雅《关于女性劳动市场的变化的八个问题》，女性主义研究，第 16 期第 1 号，韩国女性研究所 2016.

阿仑特、汉娜《人类的条件》，李振宇 译，韩路出版社 2017.

《全体主义的起源 1》，李振宇、朴美爱 译，韩路出版社 2006.

《共和国的危机》，金善玉 译，韩路出版社 2011.

安泰贤《收入分布带来的韩国性别收入差距分析》，应用经济，第 14 期第 1 号，韩国应用经济学会 2012.

吉野贤治《掩饰》，金贤京、韩光罗 译，民音出版社 2017.

吉町中岛《歧视情绪的哲学》，金熙恩 译，海洋出版社 2018.

尹慈荣《性别收入差的最新动向及长久课题》，国际劳动参考，第 11 卷第 6 号，韩国劳动研究院 2013.

李京熙、金泰一《大学排名及专业的工资效果：基于性别差距》，教育学研究，第 45 卷第 3 号，韩国教育学会 2007.

李东洙《韩国的性别职业分离及性别收入差距相关研究》，韩国社会学会社会学大会论文集，韩国社会学会 2007.

李尚焕《承认的政治与社会正义》，哲学研究，第 107 期，大韩哲学会 2008.

李承继《多样性管理理论考察及对国内企业的启示》，现象与认识，第 34 期第 1–2 号，韩国人文社会科学会 2010.

李炀浩、知银洙、全赫勇《不平等与幸福》，韩国政治学会报，第 47 期第 3 号，韩国政治学会 2013.

李正福《韩国社会的歧视用语》，沟通 2014.

李昌秀《韩国社会的种族歧视话语结构：从基于语料库的媒体批评话语分析观点出发》，Jipmoondang publishing Co.2015.

张美京《韩国社会少数者及市民权政治》，韩国社会学，第 39 期第 6 号，韩国社会学会 2005.

张秀明《大学排名的经济收益分析》，韩国教育，第 33 期第 2 号，韩国教育开发院，2006.

张智妍、吴善英《解决性别收入差的哲学及政策》，梨花性别法学，第 9 期第 1 号，梨花女子大学性别法学研究所 2017.

崔世林《关于性别收入差的讨论：过去 现在 以及政策》，国际劳动参考，第 17 卷第 1 号，韩国劳动研究院 2019.

崔秀妍《韩国社会歧视概念的变化与市民权的政治学：基于触发反歧视

法（案）的市民社会的结盟活动分析》，社会研究，第 21 号，韩国社会调查研究所 2011.

崔维珍《2016 年两性平等现状调查分析研究》，女性家庭部 2016.

卡尼曼、丹尼尔《关于思考的思考》，李昌申 译，金英出版社 2018.

奇、迈克《成为黄种人》，李孝硕 译，玄岩出版社 2016.

弗雷泽、南希《从再分配到承认？：“后社会主义”时代定义的困境》，文贤雅、朴健、李贤载 译，绿蜂出版社 2016.

韩国行政研究院《2018 年社会统合现状调查》，韩国行政研究院 2018.

韩俊成《多文化主义论争：基于布莱恩·巴利和威尔·金里卡的比较》，韩国政治研究，第 18 期第 1 号，首尔大学韩国政治研究所 2010.

赫尔曼、黛博拉《何为歧视》，金大根 译，西海文集 2016.

或奈特、阿克塞尔《为承认而斗争》，文程勋、李贤载 译，四月书出版社 2011.

洪成秀《当语言成为刺刀》，across 2018.

洪成秀、金正慧、罗振硕、柳敏熙、李承贤、李珠英、赵承美《憎恶表达现状调查及规划方案研究》，国家人权委员会 2016.

Ahmed, S. *The Cultural Politics of Emotion* (2nd Ed.), Abingdon-on-Thames: Routledge 2015.

Allport, G. W. *The Nature of Prejudice* (25th Anniversary Ed.), New York: Basic Books 1979.

Armenta, B. E. "Stereotype Boost and Stereotype Threat Effects: The Moderating Role of Ethnic Identification," *Cultural Diversity and Ethnic Minority Psychology*, 16(1), 2010.

Aronson, J., M. J. Lustina, C. Good, K. Keough, C. M. Steele & J. Brown "When White Men Can't Do Math: Necessary and Sufficient Factors in

Stereotype Threat," *Journal of Experimental Social Psychology*, 35, 1999.

Bagenstos, S. R. "The Unrelenting Libertarian Challenge to Public Accommodations Law," *Stanford Law Review*, 66(6), 2014.

Banaji, M. R., and A. G. *Greenwald Blindspot; Hidden Biases of Good People*, New York:Bantam, 2013（韩文版《盲点》，朴仁钧 译，秋收田出版社 2014）.

Bosniak, L. S. "Being Here: Ethical Territoriality and the Rights of Immigrants," *Theoretical Inquiries in Law*, 8(2), 2007.

Branscombe, N. R. and R. A. Baron *Social Psychology* (14th Ed.), London: Pearson 2017.

Carter, W. B. "Sexism in the 'Bathroom Debates': How Bathrooms Really Became Separated by Sex," *Yale Law & Policy Review*, 37(1), 2018.

Castilla, E. J. "Gender, Race, and Meritocracy in Organizational Careers," *American Journal of Sociology*, 113(6), 2008.

Castilla, E. J., and S. Benard "The Paradox of Meritocracy in Organizations," *Administrative Science Quarterly*, 55, 2010.

Cavanagh, S. L. *Queering Bathrooms: Gender, Sexuality and the Hygienic Imagination*, Toronto: University of Toronto Press 2010.

Chen. M. and J. A. Bargh "Nonconscious Behavioral Confirmation Processes: The Self-Fulfilling Consequences of Automatic Stereotype Activation", *Journal of Experimental Social Psychology*, 33, 1997.

Clark, K. B. and M.Clark "Racial Identification and Preference in Negro Children," in T. M. Newcomb and E. L. Hartley eds. *Readings in Social Psychology*, New York: Holt, Rinehart &Winston 1947.

Clarke, J. A. "Against Immutability," *The Yale Law Journal*, 125, 2015.

Correll, S. J. "Gender and the Career Choice Process: The Role of Biased

Self-Assessments," *American Journal of Sociology*, 106(6), 2001.

"Constraints into Preferences: Gender, Status, and Emerging Career Aspirations," *American Sociological Review*, 69, 2004.

Crenshaw, K. "Demarginalizing the Intersection of Race and Sex: A Black Feminist Critique of Antidiscrimination Doctrine: Feminist Theory and Antiracist Politics," *University of Chicago Legal Forum*, 1989(1).

Danaher, K. and N. R. Branscombe "Maintaining the System with Tokenism: Bolstering Individual Mobility Beliefs and Identification with a Discriminatory Organization," *British Journal of Social Psychology*, 49, 2010.

Darley, J. M. and P. H. Gross "A Hypothesis-Confirming Bias in Labeling Effects," *Journal of Personality and Social Psychology*, 44(1), 1983.

DeSteno, D., N. Dasgupta, M. Y. Bartlett, and A. Cajdric "Prejudice From Thin Air: The Effect of Emotion on Automatic Intergroup Attitudes," *Psychological Science*, 15(5), 2004.

Deutsch, M. *Distributive Justice: A Social Psychological Perspective*, New Haven & London:Yale University Press 1985.

Dorling, D. *Injustice: Why Social Inequality Still Persists*(2nd Ed.), Bristol: Policy Press 2015.

Farrior, S. "Molding the Matrix: The Historical and Theoretical Foundations of International Law Concerning Hate Speech," *Berkeley Journal of International Law*, 14(1), 1996.

Ferguson, M. A. and T. E. Ford "Disparagement Humor: A Theoretical and Empirical Review of Psychoanalytic, Superiority, and Social Identity Theories," *Humor: International Journal of Humor Research*, 21(3), 2008.

Fetzer, P. L. "'Reverse Discrimination': The Political Use of Language," *National Black Law Journal*, 12(3), 1993.

Fischer, B. and B. Poland "Exclusion, 'Risk', and Social Control-Reflections on Community Policing and Public Health," *Geoforum*, 29(2), 1998.

Ford, T. E. and M. A. Ferguson "Social Consequences of Disparagement Humor: A Prejudiced Norm Theory," *Personality and Social Psychology Review*, 8(1), 2004.

Ford, T. E., C. F. Boxer, J. Armstrong, and J. R. Edel "More Than 'Just a Joke': The Prejudice-Releasing Function of Sexist Humor," *Personality and Social Psychology Bulletin*, 4(2), 2008.

Ford, T. E., E. R. Wentzel, and J. Lorion "Effects of Exposure to Sexist Humor on Perceptions of Normative Tolerance of Sexism," *European Journal of Social Psychology*, 31, 2001.

Ford, T. E., J. A. Woodzicka, S. R. Triplett, A. O. Kochersberger, and C. J. Holden "Not All Groups are Equal: Differential Vulnerability of Social Groups to the Prejudice-Releasing Effects of Disparagement Humor," *Group Processes & Intergroup Relations*, 20(10), 2013.

Ford, T. E., K. Richardson, and W. E. Petit "Disparagement humor and prejudice: Contemporary theory and research," *Humor*, 28(2), 2015.

Fredman, S. *Discrimination Law* (2nd Ed.), Oxford:Oxford University Press 2011.

Freeman, H. A. "The Right of Protest and Civil Disobedience," *Indiana Law Journal*, 41(2), 1966.

Frye, M. "Oppression," *The Politics of Reality: Essays in Feminist Theory*, California: Crossing Press 1983.

Galinsky, A. D., C. S. Wang, J. A. Whitson, E. M. Anicich, K. Hugenberg, and G.V. Bodenhausen "The Reappropriation of Stigmatizing Labels: The Reciprocal Relationship Between Power and Self-Labeling," *Psychological*

Science, 24(10), 2013.

Galinsky, A. D., K. Hugenberg, C. Groom, and G. V. Bodenhausen "The Reappropriation of Stigmatizing Labels:Implications for Social Identity," *Identity Issues in Groups* (Research on Managing Groups and Teams, Vol.5), Bingley: Emerald Group Publishing Limited 2003.

Goffman, E. *Stigma: Notes on the Management of Spoiled Identity*, New Jersey: Prentice-Hall, Inc. 1963（韩文版《耻辱》，尹善吉 译，韩信大学出版部 2009）.

Green, D. P., J. Glaser, and A. Rich "From Lynching to Gay Bashing: The Elusive Connection Between Economic Conditions and Hate Crime," *Journal of Personality and Social Psychology*, 75, 1998.

Guimond, S., M. Dambrun, N. Michinov, and S. Duarte "Does Social Dominance Generate Prejudice? Integrating Individual and Contextual Determinants of Intergroup Cognitions," *Journal of Personality and Social Psychology*, 84(4), 2003.

Guiso, L.. M. Ferdinando, P. Sapienza, and L. Zingales "Culture, Gender, and Math," *Science*, 320(5880), 2008.

Hafer, C. I. & J. M. Olson "Beliefs in a Just World, Discontent, and Assertive Actions by Working Women," *Personality and Social Psychology Bulletin*, 19(1), 1993.

Harding, S. "Rethinking Standpoint Epistemology: What is 'Strong Objectivity?'," in L. Alcoff and E. Potter eds., *Feminist Epistemologies,* Abingdon-on-Thames: Routledge 1993.

Hastie, B. and D. Rimmington "'200 Years of White Affirmative Action': White Privilege Discourse in Discussions of Racial Inequality," *Discourse & Society*, 25(2), 2014.

Hobbes, T. *Leviathan*, 1651.

Hodson, G. and C. C. MacInnis "Derogating Humor as a Delegitimization Strategy in Intergroup Contexts," *Translational Issues in Psychological Science*, 2(1), 2016.

Hodson, G., J. Rush, and C. C. MacInnis "A Joke Is Just a Joke (Except When It Isn't): Cavalier Humor Beliefs Facilitate the Expression of Group Dominance Motives," *Journal of Personality and Social Psychology*, 99(4), 2010.

Jones, J. M., John F. D. & Deborah L. V. *Psychology of Diversity: Beyond Prejudice and Racism*, New Jersey: Wiley-Blackwell 2014.

Kahneman, D. and A. Tversky "Choices, Values and Frames," *American Psychologist*, 39(4), 1984.

Kanuha, V. K. "The Social Process of 'Passing' to Manage Stigma: Acts of Internalized Oppression or Acts of Resistance?," *The Journal of Sociology & Social Welfare*, 26(4), 1999.

Kennedy, R. "Martin Luther King's Constitution: A Legal History of the Montgomery Bus Boycott," *Yale Law Journal*, 98(6), 1989.

Kessler, L. T. "Keeping Discrimination Theory Front and Center in the Discourse Over Work and Family Conflict," *Pepperdine Law Review*, 34, 2007.

Kogan, T. S. "Sex-Separation in Public Restrooms: Law, Architecture, and Gender," *Michigan Journal of Gender & Law*, 14, 2007.

Koppelman, A. "Gay Rights, Religious Accommodations, and the Purposes of Antidiscrimination Law," *Southern California Law Review*, 88, 2015.

Krieger, L. H. "The Content of Our Categories: A Cognitive Bias Approach to Discrimination and Equal Employment Opportunity," *Stanford Law Review*, 47, 1995.

Kymlicka, W. *Multicultural Citizenship: A Liberal Theory of Minority Rights*, Clarendon Press 1995（韩文版《多元文化主义市民权》，黄闵赫 译，同明出版社 2010）。

Lawrence III, C. R. "The Id, the Ego, and Equal Protection: Reckoning with Unconscious Racism," *Stanford Law Review*, 39, 1987.

Lerner, M. "Just World Research and the Attribution Process: Looking Back and Ahead," *Psychological Bulletin*, 85(S), 1978.

Lerner, M. J. "The Justice Motive: Some Hypotheses as to its Origins and Forms," *Journal of Personality*, 45(1), 1977.

Lippmann, W. *Public Opinion*, New York: Harcourt Brace & Co.1922（韩文版《舆论》，李忠勋 译，喜鹊出版社 2012）。

Little, L. E. "Regulating Funny: Humor and the Law," *Cornell Law Review*, 94(5), 2009.

Marvasti, A. B. and K. D. Mckinney "Does Diversity Mean Assimilation?" *Critical Sociology*, 37(5), 2011.

Marx, D. M. and D. A. Stapel "Understanding Stereotype Life: On the Role of the Social Self," *Social Cognition*, 24(6), 2006.

Mason, G. "The Symbolic Purpose of Hate Crime Law: Ideal Victims and Emotion," *Theoretical Criminology*, 18(1), 2014.

McClain, L. C. "Involuntary Servitude, Public Accommodations Laws, and the Legacy of Heart of Atlanta Motel, Inc. v. United States," *Maryland Law Review*, 71(1), 2011.

McCluskey, M. T. "Rethinking Equality and Difference: Disability Discrimination in Public Transportation," *Yale Law Journal*, 97, 1988.

McCoy, S. K. and B. Major "Priming Meritocracy and the Psychological Justification of Inequality," *Journal of Experimental Social Psychology*, 43(3),

2007.

McIntosh, P. "White Privilege: Unpacking the Invisible Knapsack." *Peace & Freedom*, July/August 1989.

Melling, L. "Religious Refusals No Public Accommodations Laws: Four Reasons to Say No," *Harvard Journal of Law & Gender*, 38, 2015.

Merriam, S. B., J. Johnson-Bailey, M. Lee, Y. Kee, G. Ntseane, and M. Muhamad "Power and Positionality: Negotiating Insider/Outsider Status Within and Across Cultures," *International Journal of Lifelong Education*, 20(5), 2001.

Milgram, S. "Behavioral Study of Obedience," *Journal of Abnormal and Social Psychology*, 67(4), 1963.

Monin, B. & D. T. Miller "Moral Credentials and the Expression of Prejudice," *Journal of Personality and Social Psychology*, 81(1), 2001.

Moore, Jr., B. *Injustice: The Social Bases of Obedience and Revolt*(first published 1978 by M.E. Sharpe), Abingdon-on-Thames: Routledge 2015.

Norton, M. I. and S. R. Sommers "Whites See Racism as a Zero-Sum Game That They Are Now Losing," *Perspectives on Psychological Science*, 6(3), 2011.

Oleske, Jr., J. M. "The Evolution of Accommodation: Comparing the Unequal Treatment of Religious Objections to Interracial and Same-Sex Marriages," *Harvard Civil Rights-Civil Liberties Law Review*, 50, 2015.

Opotow, S. "Moral Exclusion and Injustice: An Introduction," *Journal of Social Issues*, 46(1), 1990.

Oppenheimer, D. B., S. R. Foster, and S. Y. Han *Comparative Equality and AntiDiscrimination Law: Cases, Codes, Constitutions, and Commentary*, New York: Foundation Press 2012.

Patterson, O. *Slavery and Social Death: A Comparative Study*, Cambridge: Harvard University Press 1982.

Phillips, L. T. and B. S. Lowery "Herd Invisibility: The Psychology of Racial Priviledge," *Current Directions in Psychological Science*, 27(3), 2018.

Pratto, F., J. Sidanius, L. M. Stallworth, and B. F. Malle "Social Dominance Orientation: A Personality Variable Predicting Social and Political Attitudes," *Journal of Personality and Social Psychology*, 67(4), 1994.

Pyke, K. D. "What is Internalized Racial Oppression and Why Don't We Study it? Acknowledging Racism's Hidden Injuries," *Sociological Perspectives*, 53(4), 2010.

Réaume, D.G. "Discrimination and Dignity," *Louisiana Law Review*, 63(3), 2003.

Rodriguez-Garcia, D. "Beyond Assimilation and Multiculturalism: A Critical Review of the Debate on Managing Diversity," *International Migration & Integration*, 11(3), 2010.

Rosette, A. S. & L. P. Tost "Perceiving Social Inequity: When SubordinateGroup Positioning on One Dimension of Social Hierarchy Enhances Privilege Recognition on Another," *Psychological Science*, 24(8), 2013.

Rucker, D. "The Moral Grounds of Civil Disobedience," *Ethics*, 76(2), 1966.

Sandel, M. J. *Justice: What's the Right Thing to Do?*, New York: Farrar, Straus and Giroux 2009（韩文版《何为正义》，金明哲 译，华斯伯利出版社 2014）.

Saucier, D. A., C. J. O'Dea, and M. L. Strain "The Bad, the Good, the Misunderstood: The Social Effects of Racial Humor," *Translational Issues in Psychological Science*, 2(1), 2016.

Schmader, T., M. Johns, and C. Forbes "An Integrated Process Model of Stereotype Threat Effects on Performance," *Psychological Review*, 115(2), 2008.

Sherif, M., O. J. Harvey, B. J. White, W. R. Hood, and C. W. Sherif *Intergroup Conflict and Cooperation: The Robbers Cave Experiment*, Middletown: Wesleyan University Press 1988.（韩文版《我们与他们，矛盾与合作》，郑泰妍 译，金·艾克里弗尔 2012）.

Siegel, R. B. "Discrimination in the eyes of the law: How color blindness discourse disrupts and rationalizes social stratification," *California Law Review*, 88(1), 2000.

Singer, J. W. "No Right to Exclude: Public Accommodations and Private Property," *Northwestern University Law Review*, 90, 1996.

Spencer, S. J., C. M. Steele, and D. M. Quinn "Stereotype Threat and Women's Math Performance," *Journal of Experimental Social Psychology*, 35, 1999.

Steele, C. M. and J. Aronson "Stereotype Threat and the Intellectual Test Performance of African Americans," *Journal of Personality and Social Psychology*, 69(5), 1995.

Tajfel, H., M.G. Billig, R. P. Bundy & C. Flament "Social categorization and intergroup behaviour," *European Journal of Social Psychology*, 1(2), 1971.

Tapp, J. L. and L. Kohlberg "Developing Senses of Law and Legal Justice," Journal of Social Issues, 27(2), 1971.

Tyler, T. R. "The Psychology of Legitimacy: A Relational Perspective on Voluntary Deference to Authorities," *Personality and Social Psychology Review*, 1(4), 1997.

Uhlmann, E. L. & G. L. Cohen "'I Think It, Therefore It's True': Effects of SelfPerceived Objectivity on Hiring Discrimination," *Organizational Behavior and Human Decision Processes*, 104(2), 2007.

Walton, G. M. & L. C. Geoffrey "Stereotype Lift," *Journal of Experimental*

Social Psychology, 39, 2003.

Walzer, M. *Spheres of Justice: A Defence of Pluralism and Equality*, New York: Basic Books 1983（韩文版《正义和多元平等：正义的领域》，郑元燮 译，哲学与现实出版社 1999）.

Wilson, R. F. "The Nonsense About Bathrooms: How Purported Concerns over Safety Block LGBT Nondiscrimination Laws and Obscure Real Religious Liberty Concerns," *Lewis & Clark Law Review*, 20(4), 2017.

Wright, J. S. "Color-blind theories and color-conscious Remedies," *The University of Chicago Law Review*, 47(2), 1980.

Yoshino, K. "Assimiliationist Bias in Equal Protection: The Visibility Presumption and the Case of Don't Ask, Don't Tell," *The Yale Law Journal*, 108, 1998.

Young, I. M. *Justice and the Politics of Difference*, New Jersey: Princeton University Press 1990（韩文版《差异的政治与正义》，金道钧、赵国 译，motivebook 出版 2017）.

"Equality for whom? Social groups and judgments for injustice," *The Journal of Political Philosophy*, 9(1), 2001.

Zillmann, D. and J. R. Cantor "Directionality of Transitory Dominance as a Communication Variable Affecting Humor Appreciation," *Journal of Personality and Social Psychology*, 24(2), 1972.